Textos Básicos de Ética

Coleção Textos Básicos

Textos básicos de antropologia
Cem anos de tradição: Boas, Malinowski, Lévi-Strauss e outros
Celso Castro

Textos básicos de ética
De Platão a Foucault
Danilo Marcondes

Textos básicos de filosofia
Dos pré-socráticos a Wittgenstein
Danilo Marcondes

Textos básicos de filosofia do direito
De Platão a Frederick Schauer
Danilo Marcondes e Noel Struchiner

Textos básicos de filosofia e história das ciências
A revolução científica
Danilo Marcondes

Textos básicos de linguagem
De Platão a Foucault
Danilo Marcondes

Textos básicos de sociologia
De Karl Marx a Zygmunt Bauman
Celso Castro

Danilo Marcondes

Textos Básicos de Ética
de Platão a Foucault

11ª reimpressão

A Maria Inês e Danilo, com amor.

Copyright © 2007 by Danilo Marcondes

Grafia atualizada segundo o Acordo Ortográfico da Língua Portuguesa de 1990, que entrou em vigor no Brasil em 2009.

Capa
Miriam Lerner

Projeto gráfico
Printmark Marketing Editorial

CIP-Brasil. Catalogação na fonte
Sindicato Nacional dos Editores de Livros, RJ

M269t	Marcondes, Danilo, 1953- Textos básicos de ética: de Platão a Foucault / Danilo Marcondes. – 1ª ed. – Rio de Janeiro: Zahar, 2007.
	Inclui bibliografia e índice ISBN 978-85-7110-967-4
	1. Ética. 2. Filosofia. I. Título.
09-5345	CDD: 170 CDU: 17

Todos os direitos desta edição reservados à
EDITORA SCHWARCZ S.A.
Praça Floriano, 19, sala 3001 – Cinelândia
20031-050 – Rio de Janeiro – RJ
Telefone: (21) 3993-7510
www.companhiadasletras.com.br
www.blogdacompanhia.com.br
facebook.com/editorazahar
instagram.com/editorazahar
twitter.com/editorazahar

Sumário

Apresentação 9

PLATÃO
15

Górgias • O melhor é o mais forte 16
• É melhor sofrer uma injustiça que praticá-la 21

Mênon • O que é a virtude? 23

A República • O Anel de Giges 29
• A Alegoria da Caverna 31
• A natureza humana 31

Questões e temas para discussão 35
Leituras sugeridas 36

ARISTÓTELES
37

Ética a Nicômaco • O conceito de felicidade 38
• A virtude é um hábito 40
• A doutrina do meio-termo 40
• As virtudes intelectuais e a sabedoria prática 42
• A felicidade 46

Questões e temas para discussão 49
Leituras sugeridas 49

SANTO AGOSTINHO
50

O livre-arbítrio • A origem do livre-arbítrio 51
• O livre-arbítrio e o problema do Mal 53

Confissões • Deus é o autor do Mal? 55
Onde está o Mal? 57

Questões e temas para discussão 57
Leituras sugeridas 57

SÃO TOMÁS DE AQUINO
58

Suma teológica • O mal se encontra nas coisas? 59
O homem possui o livre-arbítrio? 61
Se a virtude humana é um hábito 64

Questões e temas para discussão 66
Leituras sugeridas 66

DESCARTES
67

Discurso do método • A moral provisória 68

Meditações metafísicas • A distinção entre o certo e o errado 68

As paixões da alma • A vontade e as paixões da alma 70

Questões e temas para discussão 71
Leituras sugeridas 71

SPINOZA
72

Ética • Definições 73
• A virtude 74

Questões e temas para discussão 75
Leituras sugeridas 75

HUME
77

Tratado sobre a natureza humana • As distinções morais não são derivadas da razão 78

Questões e temas para discussão 85
Leituras sugeridas 85

KANT
86

Fundamentação da metafísica dos costumes • O imperativo categórico 87

Resposta à pergunta: "Que é Esclarecimento"? • Ética e esclarecimento 88

Questões e temas para discussão 93
Leituras sugeridas 93

KIERKEGAARD
94

Temor e tremor • Ética e fé 95

Questões e temas para discussão 100
Leituras sugeridas 100

NIETZSCHE
101

Além do bem e do mal • Dos preconceitos dos
filósofos 102
• Contribuição à história
natural da moral 105

Genealogia da moral • Primeira dissertação 107
• Segunda dissertação 113

Questões e temas para discussão 115
Leituras sugeridas 115

STUART MILL
116

Utilitarismo • O que é o utilitarismo? 117

Questões e temas para discussão 119
Leituras sugeridas 120

WEBER
121

Ciência e política: duas vocações • A política
como vocação 122

Questões e temas para discussão 125
Leituras sugeridas 125

FREUD
126

O mal-estar na civilização • A consciência moral 127

Questões e temas para discussão 131
Leituras sugeridas 131

FOUCAULT
132

O uso dos prazeres • Moral e prática de si 133

Questões e temas para discussão 139
Leituras sugeridas 139

Referências dos textos e traduções **140**
Bibliografia geral **143**

Apresentação
Sentido e relevância da ética

A ética é uma das áreas que maior interesse desperta atualmente no campo da filosofia, sobretudo porque diz respeito diretamente à nossa experiência cotidiana, levando-nos a uma reflexão sobre os valores que adotamos, o sentido dos atos que praticamos e a maneira pela qual tomamos decisões e assumimos responsabilidades em nossa vida. Hoje, por exemplo, a grande maioria das profissões tem seus códigos de ética, numa tentativa precisamente de sistematizar os princípios de orientação para seus profissionais. No entanto, sentimos cada vez mais que vivemos uma crise ética que vai desde a situação política do país, passando por questões de corrupção na sociedade e no governo, até problemas de relacionamento familiar.

A ética é tradicionalmente um dos temas mais importantes da filosofia. Etimologicamente, a palavra "ética" origina-se do termo grego *ethos*, que significa o conjunto de costumes, hábitos e valores de uma determinada sociedade ou cultura. Os romanos o traduziram para o termo latino *mos, moris* (que mantém o significado de *ethos*), dos quais provém *moralis*, que deu origem à palavra moral em português.

A problemática da ética, portanto, em um sentido amplo, diz respeito à determinação do que é certo ou errado, bom ou mau, permitido ou proibido, de acordo com um conjunto de normas ou valores adotados historicamente por uma sociedade. Esta definição é importante porque o ser humano deve agir de acordo com tais valores para que sua ação possa ser considerada ética. Desta forma se introduz uma das noções mais fundamentais da ética: a do dever. Os seres humanos são livres. Em princípio, podem agir como bem entenderem, dando vazão a seus instintos, impulsos e desejos; porém, o dever restringe essa liberdade, fazendo com que seja limitada por normas que têm por base os valores éticos. O ser humano pode agir de diferentes maneiras, mas *deve* agir eticamente. Assim, do ponto de vista da ética, a reflexão filosófica visa fazer com que, diante da necessidade de decidir sobre como proceder em determinadas circunstâncias, a pessoa aja de modo correto; bem como servir de parâmetro para avaliar um determinado ato realizado por outro indivíduo como sendo ou não eticamente correto.

Porém, segundo a própria definição original do termo, a ética não pode ser vista dissociada da realidade sociocultural concreta. Os valores éticos de uma comunidade variam de acordo com o ponto de vista histórico e dependem de circunstâncias determinadas. O que é considerado ético em um contexto pode não ser considerado da mesma forma em outro. Por exemplo: os sacrifícios humanos eram práticas normais em algumas sociedades, como entre os antigos astecas e mesmo na Grécia arcaica; hoje, entretanto, nos causam horror e parecem uma barbaridade. Outro exemplo menos drástico é o da poligamia e do concubinato, condenáveis em nossa sociedade mas admissíveis em outras culturas e religiões.

Podemos distinguir, portanto, três dimensões distintas do que entendemos usualmente por ética. Em primeiro lugar temos o que pode ser considerado o *sentido básico* ou descritivo de ética, bastante próximo da acepção originária de *ethos*, que designa o conjunto de costumes, hábitos e práticas de um povo. Todos os povos têm assim a sua ética, ou o seu *ethos*; isto é, os costumes e práticas que definem, ainda que muitas vezes de modo implícito e informal, a maneira correta ou adequada de comportamento naquela sociedade. Temos em seguida a ética como sistema em um *sentido prescritivo* ou normativo; isto é, como um conjunto de preceitos que estabelecem e justificam valores e deveres, desde os mais genéricos, tais como as éticas cristã ou estoica, até os mais específicos, como o código de ética de uma categoria profissional, do qual talvez o mais famoso e tradicional seja o da prática médica. Em terceiro lugar temos o *sentido reflexivo* ou filosófico, que diz respeito às teorias ou concepções filosóficas da ética, como a ética da responsabilidade, a dos princípios, o utilitarismo e outras, visando examinar e discutir a natureza e os fundamentos dos sistemas e das práticas, analisando os conceitos e valores que lhes pretendem dar fundamento. Trata-se neste sentido, talvez, mais de uma metaética do que de uma ética propriamente dita, caso do segundo sentido citado. A metaética é assim uma reflexão sobre a ética, seus fundamentos e pressupostos, diferente da formulação de uma ética determinada.

Talvez o sentimento de crise que vivemos hoje tenha sua origem mais remota, em grande parte, na perda de referência a determinados valores e normas que começa a ocorrer após o início do período moderno (séc. XVII), com o surgimento de sociedades complexas, caracterizadas pela diversidade e pluralidade de crenças, valores, hábitos e práticas. Nesse período, o cristianismo, que havia sido desde a Antiguidade a principal referência do ponto de vista ético, passa por uma cisão profunda com o advento da Reforma (início do séc. XVI) e das várias correntes do protestantismo que resultam desse processo. Encontramos a partir daí a defesa da necessidade de uma ética filosófica desvinculada da ética religiosa, que supõe a fé e a adesão a uma

Apresentação

religião determinada. A descoberta da América (1492) contribui também para isso, revelando outros povos e sociedades com hábitos, práticas e valores radicalmente diferentes dos adotados pelos europeus daquela época. Temos aí provavelmente a primeira grande experiência social de relatividade de valores e normas de conduta, deixando claro que o que é válido, ou considerado ético, para alguns não o é para outros. Embora os filósofos gregos já houvessem discutido a questão da relatividade dos valores éticos, é talvez a partir desse momento que a questão se torna mais crucial e mais ampla, vindo a ser objeto central da reflexão filosófica.

Mais do que qualquer outra área tradicional da filosofia (como a lógica, a metafísica ou a teoria do conhecimento), a ética aborda, centralmente, nossa vida concreta, nossa prática cotidiana. Mesmo teorias éticas muito abstratas como as de Platão e Kant tiveram como ponto de partida o momento histórico em que esses filósofos viveram e buscaram dar respostas a questões e desafios que enfrentaram. Assim, Platão em *A República* está fundamentalmente preocupado com o que considera a decadência política da democracia na Atenas do séc. V a.C. Kant, por sua vez, preocupa-se explicitamente com as grandes mudanças pelas quais passa a sociedade europeia do séc. XVIII e que culminam na Revolução Francesa em 1789, que causa um grande impacto sobre os pensadores da época. Se as obras desses filósofos do passado são importantes para nós ainda hoje é porque, além de pensarem o momento em que viveram, suas reflexões levantaram questões e levaram a propostas que têm um sentido e um valor universais; isto é, que têm um alcance não restrito àquela situação específica e a partir das quais podemos tirar lições valiosas para o contexto em que vivemos hoje. Isto não implica que tenhamos, necessariamente, que aceitar ou adotar as teorias éticas de Platão, Kant, ou qualquer outro filósofo. O que importa é acompanhar sua forma de argumentar, os questionamentos que formulam, o modo como encaminham a discussão dos problemas éticos. É, portanto, importante perceber que, de alguma forma, se a reflexão filosófica tem sempre como ponto de partida a realidade concreta e deve também ser útil para nossa vida prática, ela não se limita apenas a esse aspecto, tem um alcance mais amplo. Deve nos tornar capazes de superar, em nosso pensamento, em nosso modo de refletir e decidir, na medida do possível, os condicionamentos e limites do contexto em que vivemos. Só assim podemos ter uma postura verdadeiramente crítica, que não seja apenas a repetição e a reprodução dos valores e padrões a que fomos habituados.

Sentimos a necessidade de uma reflexão ética mais profunda quando nos defrontamos com dilemas, com situações de conflito, diante dos quais temos de decidir e vemos que nossa decisão não é fácil. Precisamos refletir, buscamos justificativas para uma posição ou outra, procuramos critérios em que possamos nos basear para tomar nossa decisão. É a partir da concepção de crítica mencionada acima que podemos, finalmente, propor um critério inicial para se considerar uma ação como ética: a transparência. Um ato pode ser considerado ético sempre que seu autor for capaz de explicitar seus motivos e justificá-los, assumindo integralmente sua atitude. Kant introduz ainda, como critério fundamental do caráter ético de um ato, sua universalidade. Isto é, meu ato pode ser considerado ético se eu estiver disposto a aceitar que ajam comigo da mesma forma como eu ajo com os outros. Trata-se, no fundo, do famoso princípio: não faça ao outro aquilo que não queres que façam a ti. Na formulação clássica encontrada em Kant: "Age de tal forma que tua ação possa ser considerada lei universal."

Este princípio ético kantiano evita a famosa dicotomia, ou dualidade, entre uma ética para fins internos, isto é, para nossa família, para o grupo de que fazemos parte, ao qual pertencemos; e uma ética para fins externos, ou seja, para lidarmos com os outros, com o "mundo lá fora", que frequentemente consideramos uma "selva", "um vale-tudo", e cujas práticas muitas vezes achamos que devemos adotar porque "é assim que os outros fazem", mesmo se no íntimo as consideramos erradas ou conflitantes com nossa ética para fins internos.

A atitude ética autêntica não deve admitir dicotomia, já que não faria sentido um comportamento ético restrito apenas a um plano interno e um comportamento oposto no plano externo. Neste caso, na verdade, o indivíduo não estaria agindo eticamente, faltaria coerência na adoção dos princípios.

O interesse pela ética tem se desenvolvido bastante nas últimas décadas também a partir de novas questões surgidas recentemente, sobretudo em dois campos: a bioética e a ecologia.

A bioética é uma disciplina relativamente nova que trata de problemas éticos relacionados à vida humana, principalmente a descobertas recentes na medicina, biologia e engenharia genética, o que tem trazido alterações profundas nos padrões habituais, que, em muitos casos, simplesmente não previam situações hoje possíveis do ponto de vista científico, porém no mínimo problemáticas do ponto de vista ético. Alguns exemplos mais contundentes são os casos, possibilitados pela inseminação artificial, por "barrigas de aluguel". Até que ponto é ético uma mulher alugar seu útero? Quem é, afinal, a mãe em um caso como este? Que implicações isto poderá ter para a criança no futuro? A possibilidade da clonagem levanta também problemas éticos que apenas começam a ser discutidos, uma vez que dizem respeito a situações inteiramente novas na história humana. Estas são apenas algumas das questões que, em grande parte, permanecem em aberto em nossa época e são muito controversas.

A ecologia tem suscitado igualmente uma revisão de nossos parâmetros habituais de relação com o meio ambiente, envolvendo uma série de questões éticas. Desde o início do período moderno, e principalmente após a Revolução Industrial (séc. XIX), a cultura ocidental vive a ideologia do progresso, segundo a qual podemos e devemos explorar a natureza e extrair dela a matéria-prima para o desenvolvimento técnico e industrial. Só muito recentemente o ser humano despertou para os riscos e

Apresentação

consequências desastrosas dessa atividade. Problemas como poluição, destruição de ecossistemas (acarretando a extinção de espécies animais e vegetais), esgotamento de recursos etc. nos revelam que em nome do aparente bem-estar de uma geração podemos estar legando às gerações futuras um mundo devastado e um meio ambiente até mesmo inabitável. Novas responsabilidades surgem, portanto, à medida que adquirimos maior consciência da importância do meio ambiente. Não só temos de reconhecer o mundo que habitamos como uma realidade viva com a qual devemos nos relacionar eticamente, como também é nosso dever ter consciência que de um ponto de vista ético temos grande responsabilidade com o futuro da nossa e das demais espécies que habitam este planeta, e que essa responsabilidade deve orientar nosso relacionamento com a natureza.

Meu objetivo nesta obra será examinar as grandes questões e correntes da ética na tradição filosófica, através de uma seleção de alguns dos textos mais representativos dessa discussão, escritos pelos filósofos que contribuíram de forma mais direta para a análise dessas questões e para o desenvolvimento dessas correntes. Os textos tratam de algumas das questões mais essenciais da ética, como a natureza do bem; as virtudes como características da natureza humana; a liberdade ou livre-arbítrio; a responsabilidade, que resulta da liberdade em nossas escolhas e ações; e a consciência moral, que nos torna conscientes dos pressupostos e das consequências de nossos atos.

Certamente alguns conceitos fundamentais da ética, como *agathon*, *arete* e *eudaimonia*, introduzidos pelos filósofos gregos, tiveram seus significados profundamente alterados ao longo da tradição filosófica e por causa de sua retomada por diferentes correntes de pensamento, bem como devido a influências religiosas como a que ocorreu com o advento do cristianismo. Assim, quando traduzimos estes conceitos por bem, virtude e felicidade, respectivamente, devemos ter em mente tais transformações. Por isso, faremos sempre o esforço de contextualizar o filósofo e o texto de sua autoria no período histórico e na corrente de pensamento a que pertencem.

Toda antologia de textos como esta supõe uma escolha. Esta seleção tomou como base minha experiência em cursos e palestras sobre ética em que os textos aqui incluídos foram utilizados, revelando-se eficazes para a discussão das questões éticas que nos preocupam. Certamente há outros igualmente relevantes para estas discussões. Uma antologia é apenas *uma* seleção, dentre tantas outras possíveis. Mas creio que os escritos aqui incluídos satisfazem o critério de poderem ser considerados, em qualquer coletânea, autênticas "peças antológicas", ou seja, textos realmente importantes quando se trata de questões de ética. De certa forma, antologias devem funcionar também como guias de leitura, indicando os grandes temas que reconhecidamente devem ser discutidos e servindo como ponto de partida para um maior aprofundamento de tais temas. Uma compilação como esta deve servir ainda para motivar o leitor a ir mais adiante e a desenvolver seu interesse pela leitura de outras obras.

Os textos aqui apresentados são precedidos de uma introdução de caráter mais geral sobre a concepção ética do autor, seguindo-se uma introdução específica a cada excerto, que procura indicar a sua relevância e contribuição para a questão de que trata. Ao final de cada seleção encontra-se um breve questionário com indicações sobre como discutir as questões tratadas e uma sugestão de leituras que permite desenvolver o debate. Para evitar repetições, não se encontram aqui trechos de obras já incluídos na antologia publicada anteriormente *Textos básicos de filosofia* (Zahar, 2005), aos quais é feita referência quando os autores correspondentes são examinados.

Acredito que as questões éticas despertarão cada vez maior interesse, que será cada vez mais urgente discuti-las e que não há em ética uma resposta única ou geral a todas as questões. O mais importante talvez seja o desenvolvimento de uma maior consciência ética, que nos prepare para lidar com as situações novas e com os desafios que se apresentam no mundo contemporâneo. Espero que a leitura e a discussão desses textos clássicos possam contribuir para isso.

Agradeço a Cristina Zahar e a Clarice Zahar, com quem este projeto foi inicialmente discutido e que tornaram possível a sua realização, e a meus alunos dos cursos de ética, que me ensinaram a importância das presentes questões.

PLATÃO

Platão (428-348 a.C.) é o primeiro grande filósofo grego a tematizar em sua obra as principais questões éticas que chegaram até nossos dias. Em seus diálogos iniciais, chamados "socráticos", supõe-se que Platão está ainda sob a influência direta de seu mestre Sócrates (470-399 a.C.). Na maioria desses textos encontramos uma discussão entre Sócrates e personagens da vida ateniense, alguns históricos, outros fictícios, em torno de conceitos éticos como a amizade (*Lisis*), a virtude (*Mênon*), a coragem (*Laques*) e o sentimento religioso (*Eutífron*). Sócrates levanta as questões éticas fundamentais que a filosofia irá discutir, tais como o entendimento desses conceitos, os critérios para a sua aplicação em situações concretas com que nos defrontamos, nossa coerência na aplicação dessas ideias e as razões e argumentos a que devemos apelar para justificá-las. Se a ética depende de virtudes inerentes à natureza humana ou se essas podem ser adquiridas ou ensinadas, como veremos no *Mênon*, são alguns dos problemas cruciais encontrados nos diálogos socráticos. Por outro lado, podemos dizer que o estilo aporético, ou inconclusivo, dos diálogos socráticos, faz com que não encontremos neles uma solução definitiva para esses problemas, ou tampouco definições para os conceitos éticos. Talvez a lição socrática esteja principalmente na importância do desenvolvimento de uma consciência moral, de uma atitude reflexiva e crítica que nos leve a adotar comportamentos mais éticos, e não na formulação de um saber sobre a ética e seus conceitos. É o que diz Sócrates na célebre passagem da *Apologia* (38a): "A vida sem exame não vale a pena ser vivida."

As grandes questões éticas abordadas nos diálogos socráticos mencionados acima, assim como em outros textos do mesmo período, como o *Górgias*, que discutiremos a seguir, receberão um tratamento mais teórico nos diálogos subsequentes, quando Platão começa a elaborar e desenvolver a sua metafísica, isto é, a assim chamada teoria das formas ou das ideias. Na *República*, livros VI e VII, a forma do Bem (*agathós*) é caracterizada por Platão como a "suprema forma", ou seja, o princípio metafísico mais importante. Sendo de difícil definição, por sua própria natureza de princípio supremo, Platão dedica a trilogia dos mitos do Sol, da Linha Dividida e da Caverna a explicar, empregando uma linguagem figurada, a natureza do Bem. Na conclusão da apresentação da Alegoria da Caverna, Platão diz através do discurso de Sócrates: "Nos últimos limites do mundo inteligível aparece-me a ideia (ou forma) do Bem, que se percebe com dificuldade, mas que não se pode ver sem se concluir que ela é causa de tudo que há de reto e de belo" (*A República*, 517c). O sábio é, portanto, aquele que, tendo atingido a visão ou o conhecimento do Bem pela via da dialética, isto é, da ascensão de sua alma até o plano mais elevado e mais abstrato do real, é capaz de agir de forma justa. Pois ao conhecer o Bem, conhece também a Verdade, a Justiça e a Beleza. É por este motivo que a concepção ética de Platão ficou conhecida como "metafísica do Bem". A forma do Bem é, por conseguinte, o fundamento da ética.

Embora em diálogos posteriores Platão faça uma revisão crítica de sua teoria das formas, ou das ideias, sua preocupação ética reaparece em alguns dos últimos diálogos, como o *Filebo* e *As leis*.

Dois pontos fundamentais emergem da discussão platônica sobre questões éticas. O indivíduo que age de modo ético é aquele que é capaz de autocontrole, de "governar a si mesmo", como vemos no *Górgias*. Entretanto, a possibilidade de agir corretamente e de tomar decisões éticas depende de um conhecimento do Bem, que é obtido pelo indivíduo por meio de um longo e lento processo de amadurecimento espiritual, "a ascensão da alma", tal como descrita na Alegoria da Caverna.

GÓRGIAS
O melhor é o mais forte

O *Górgias* é um dos primeiros diálogos socráticos e tem como tema a retórica, ou arte do discurso, dividindo-se em três partes. A primeira é uma discussão com Górgias, sofista nascido na Sicília, em Leontine, considerado em sua época um dos maiores mestres da retórica. Na primeira parte (447a - 460e), Sócrates e Górgias discutem sobre a natureza da retórica. Para Sócrates, é uma simples *techné* cuja função é apenas persuadir. Não serve para ensinar ou produzir o verdadeiro conhecimento. Na segunda parte (461a - 480e), Sócrates tem como interlocutor Polo, um discípulo de Górgias, e continua a discussão sobre a natureza e a utilidade da oratória. Na terceira parte (481a - 522e),

Platão 17

o interlocutor de Sócrates é Cálicles, possivelmente um personagem fictício que representa um jovem e ambicioso político ateniense que defende o exercício do poder pelos mais fortes, sem nenhum compromisso com a moral e os princípios éticos. Essa terceira parte é, sem dúvida, a mais importante do ponto de vista do debate sobre questões éticas e é dela que extraímos as passagens que virão a seguir.

Podemos considerar que neste diálogo, sobretudo na discussão entre Sócrates e Cálicles, o mestre de Platão defende que no exercício do poder político os princípios éticos devem prevalecer sobre a força. E que o "melhor" é aquele que, em primeiro lugar, é capaz de ter equilíbrio e autocontrole.

É importante notar no *Górgias* o emprego da dialética socrática, da técnica argumentativa, principalmente no embate entre Sócrates e Cálicles. Destacam-se o uso da ironia, o propósito de levar seu adversário a cair em contradição e o modo como examina o significado dos conceitos empregados, como "melhor" e "mais forte", procurando explicitar como são entendidos, cobrando coerência no uso dos termos envolvidos e conduzindo Cálicles, com sua argumentação, até onde quer chegar.

Cálicles começa afirmando que na democracia ateniense as leis foram impostas pela maioria, composta pelos mais fracos, para impedir os mais fortes, hábeis e inteligentes de exercerem o poder como quisessem (483b). Sócrates contesta a afirmação de que o melhor é o mais forte e faz o oponente cair em contradição. Argumenta que, se fosse assim, um bando de escravos, cuja única força é a dos músculos, poderia ser caracterizado como "os melhores", o que o próprio Cálicles passa a admitir (488c).

" [488a - 491e] Sócrates: ... Recorda-me, por favor, no que consiste o direito segundo a natureza, tal como o entendes no mesmo sentido que Píndaro. Estou enganado em supor que isso significa que o mais forte tem o direito de tomar aquilo que pertence ao mais fraco? E que o melhor deve mandar nos piores e o superior se impor aos inferiores?

Cálicles: Não estás enganado, é isso o que eu dizia e confirmo.

Sócrates: Mas queres dizer que "melhor" (*béltion*) e "mais forte" significam a mesma coisa? Não entendi bem se era isso que querias dizer. Por "mais forte" queres dizer aqueles que têm maior força física, e devem os mais fracos sempre obedecê-los? Era o que querias dizer quando afirmaste que as cidades mais fortes tinham o direito de atacar as mais fracas, de acordo com a lei natural, simplesmente por serem mais fortes, equivalendo-se assim o "mais poderoso", o "mais forte" e o "melhor"? Não é possível ser melhor e ao mesmo tempo mais fraco, com menos força, e também mais forte, porém pior? Ou devem "melhor" e "mais forte" ser definidos do mesmo modo? São esses termos que gostaria que fossem mais claramente definidos: são "mais forte", "melhor" e "mais poderoso" sinônimos?

CÁLICLES: Digo-lhe claramente que são sinônimos.

SÓCRATES: Mas não é a maioria naturalmente mais forte do que o indivíduo?

CÁLICLES: É claro.

SÓCRATES: Então as leis impostas pela maioria são impostas pelo mais forte?

CÁLICLES: Certamente.

SÓCRATES: E, portanto, pelos melhores? Segundo a tua definição os mais fortes são os melhores.

CÁLICLES: Sim.

SÓCRATES: E assim sendo, uma vez que são os mais fortes, as leis que estabelecem são por natureza boas?

CÁLICLES: Concordo.

SÓCRATES: Mas não é verdade, como dizias há pouco, que na opinião da maioria a justiça diz respeito à igualdade e que é pior praticar uma injustiça do que sofrê-la? Não é assim? Cuidado, não te deixes envergonhar. A maioria acredita ou não que a justiça consiste na igualdade e não na desigualdade e que mais vale sofrer uma injustiça do que praticá-la? Não te recuses a responder, Cálicles, para que, caso concordes comigo, eu me sinta fortalecido pela opinião de alguém que é capaz de distinguir o verdadeiro do falso.

CÁLICLES: É certo que assim pensa a maioria.

SÓCRATES: Portanto, parece que a crença de que é pior praticar uma injustiça do que sofrê-la e de que a justiça consiste na igualdade não é apenas uma questão de convenção, mas também de natureza. Assim sendo, o que tu me disseste antes estava errado, quando me censuraste sem razão, acusando-me de saber que a natureza e a convenção são inconsistentes mas, apesar disso, usar as palavras de modo desonesto em meus argumentos, ora em sentido natural, ora em sentido convencional.

CÁLICLES: Não têm fim as bobagens que este homem fala! Dize-me, Sócrates, tu não te envergonhas de em tua idade armar essas armadilhas verbais e tirar partido quando alguém se equivoca no que diz? Achas que quero dizer algo de diferente quando digo "mais fortes" ou "melhores"? Não estou dizendo há bastante tempo que entendo serem o "melhor" e o "mais forte" o mesmo? Ou tu supões que em meu entender um bando de escravos e de indivíduos desqualificados, cuja única qualidade é a força física, pode determinar a lei?

SÓCRATES: Ah, meu sábio amigo, é assim que pensas?

CÁLICLES: Certamente.

SÓCRATES: Muito bem, há algum tempo pensava que era isso, ou algo equivalente, que entendias por "mais forte". A repetição da pergunta deveu-se apenas ao interesse em saber com precisão se tratava-se disso mesmo. É claro que não acreditas que dois são melhores do que um, ou que teus escravos são melhores do que tu por serem mais fortes. Mas diga-me então novamente o que entendes por "melhores", já que não se trata de "mais fortes". E devo pedir-lhe, meu honrado senhor, para ser mais suave em suas lições, ou acabarei fugindo delas.

CÁLICLES: Tu estás sendo sarcástico, Sócrates!

SÓCRATES: Eu não, Cálicles, juro por Zeto, a quem invocaste há pouco para lançar sarcasmos a mim; mas vamos, dize-me se por "melhores" e "mais fortes" tu não te referes aos de "melhor entendimento"?

CÁLICLES: Sim, é a isso que me refiro!

SÓCRATES: Mas não vês que tu também estás usando palavras sem atentar para o significado delas? Dize-me afinal se por "melhores" e "mais fortes" entendes os "mais inteligentes" ou alguma outra coisa.

CÁLICLES: É exatamente isso que quero dizer!

SÓCRATES: Então, segundo esta concepção, um homem de bom entendimento pode ser mais forte do que dez mil tolos e por isso deve governá-los. Os tolos devem aceitar os mandos do mais forte, a quem cabe a maior parte de tudo. É isso que tu pareces querer dizer, sem nenhuma armadilha, te asseguro, quando afirmas que um homem pode ser mais forte do que milhares.

CÁLICLES: É isso o que quero dizer. Creio que a lei natural consiste em o melhor e de maior entendimento governar os demais e ter a maior parte em tudo.

SÓCRATES: Pare por um instante. O que dirás da situação que exponho a seguir? Vamos supor que alguns de nós nos encontrássemos em um lugar, como agora, com bastante alimento e bebida, e fôssemos um grupo heterogêneo, composto por fortes e fracos e houvesse entre nós um que, por ser médico, tivesse maior entendimento. Vamos supor também, como é plausível, que este homem fosse mais forte do que alguns e mais fraco do que outros. Não seria ele, nessas circunstâncias, por ser o de maior entendimento, também o melhor e o mais forte?

CÁLICLES: Certamente.

SÓCRATES: Deveria ele, por ser o melhor, ter maior quantidade de alimento? Ou, por causa de sua autoridade, deveria ter o controle da distribuição do alimento, sem se apropriar da maior parte? Ele teria mais do que alguns e menos do que outros. E se acaso fosse o mais franzino de todos, teria a menor parte, apesar de ser o melhor. Não seria assim, Cálicles?

CÁLICLES: Falas de alimento, de bebida, de médicos e de bobagens deste tipo, mas não é a isso que me referia.

SÓCRATES: Mas é o de maior entendimento que consideras o melhor, ou não?

CÁLICLES: Sim.

SÓCRATES: E o melhor não deve ter a maior parte?

CÁLICLES: Sim, mas não de alimento e bebida.

SÓCRATES: Muito bem. Talvez então de roupas, e o melhor tecelão terá o maior manto e andará envolto em vestimentas melhores do que as dos outros.

CÁLICLES: Roupas?!

SÓCRATES: Mas no caso de calçados deve prevalecer o melhor e, portanto, o sapateiro terá mais e melhores sapatos.

CÁLICLES: Ora, sapatos!

SÓCRATES: Se tu não te referes a estas coisas, então talvez te refiras a outras. Um fazendeiro mais inteligente e mais entendido em terras deveria ter uma porção maior de sementes do que os outros e empregaria em sua fazenda maior quantidade delas.

CÁLICLES: Repetes sempre a mesma coisa, Sócrates!

SÓCRATES: Sim, e sobre o mesmo assunto.

CÁLICLES: Não paras de falar de sapateiros, cardadores, cozinheiros, médicos, como se estivéssemos tratando deles.

SÓCRATES: Mas, por favor, diga-me então em que esfera um homem deve demonstrar sua superioridade em termos de força e inteligência para ter direito a uma vantagem em relação aos demais? Ou te recusas a aceitar meus exemplos sem dar nenhum no lugar deles?

Cálicles: Já disse o que penso, Sócrates. Quando me refiro ao mais forte, não quero dizer sapateiros ou cozinheiros, refiro-me àqueles que têm entendimento sobre como governar. E não apenas entendimento, mas coragem para realizar o que pretendem sem fraquejar.

Sócrates: Percebes então, caro Cálicles, como nos acusamos mutuamente de diferentes defeitos. Tu me acusas de dizer sempre a mesma coisa, enquanto te acuso de nunca dizer a mesma coisa sobre o mesmo assunto. Primeiro disseste que os melhores e os mais fortes eram os de maior força física, depois que eram os de melhor entendimento, e agora propões que sejam os de maior coragem. Ora, meu amigo, dize-me de uma vez o que entendes por "melhor" e "mais forte" e no que estes diferem dos demais.

Cálicles: Já expliquei que refiro-me com isso às pessoas entendidas em negócios políticos e com coragem para realizar seus propósitos. São estes que devem governar os estados e, enquanto governantes, é de direito que os demais estejam subordinados a eles.

Sócrates: Mas em relação a si mesmos, eles governam ou são governados?

Cálicles: O que queres dizer com isso?

Sócrates: Quero dizer ser capaz de governar a si mesmo, ou isso não é necessário quando se governa os outros?

Cálicles: Mas o que entendes por governar a si mesmo?

Sócrates: Uma coisa simples, como todos entendem: ser equilibrado e capaz de autocontrole, dominar os desejos e as paixões. 〞

GÓRGIAS
É melhor sofrer uma injustiça que praticá-la

Essa tese, defendida por Sócrates, é recorrente no diálogo. Aparece inicialmente no debate com Polo (469b, 474b - 481a) e é retomada na discussão com Cálicles (508e - 509d). Sócrates procura mostrar que o indivíduo que comete injustiças e causa danos a outro será visto como injusto e perverso. Isso será negativo para sua reputação e convívio na sociedade, e, portanto, acabará causando-lhe dano. Não se pode ser feliz fazendo o Mal, por isso é preferível sofrer uma injustiça a praticá-la. Aquele que faz o Mal, ao ser punido, expia sua culpa, fica quite com a sociedade e consegue voltar a ser feliz. É a posição defendida por Sócrates nas passagens citadas.

> O breve trecho que examinaremos a seguir retoma a discussão sobre o equilíbrio e o autocontrole que vimos na passagem acima. O exercício do poder sobre qualquer pessoa supõe que aquele que o exerce seja capaz, em primeiro lugar, de controlar a si mesmo para assim agir de modo justo e equilibrado.

[469b-c] SÓCRATES: ... Porque o maior dos males consiste em praticar uma injustiça.

POLO: Esse é o maior? Não é o maior sofrer uma injustiça?

SÓCRATES: Absolutamente não.

POLO: Preferirias então sofrer uma injustiça a praticá-la?

SÓCRATES: Não preferiria uma coisa nem outra; mas se fosse inevitável sofrer ou praticar uma injustiça, preferiria sofrê-la.

[478d-e] SÓCRATES: ... Considerando-se dois doentes, seja do corpo ou da alma, qual o mais infeliz: o que se trata e obtém a cura, ou aquele que não se trata e permanece doente?

POLO: Evidentemente, aquele que não se trata.

SÓCRATES: E não é verdade que pagar pelos próprios crimes seria a libertação de um mal maior?

POLO: É claro que sim.

SÓCRATES: Isso porque a justiça é uma cura moral que nos disciplina e nos torna mais justos?

POLO: Sim.

SÓCRATES: O mais feliz, porém, é aquele que não tem maldade na alma, pois ficou provado que esse é o maior dos males.

POLO: É claro.

SÓCRATES: Em segundo lugar vem aquele que dessa maldade foi libertado.

POLO: Naturalmente.

[479c-e] SÓCRATES: Conclui-se então que o maior mal consiste em praticar uma injustiça.

POLO: Sim, ao que parece.

SÓCRATES: No entanto, ficou claro que pagar por seus crimes leva à libertação do mal.

POLO: É possível que sim.

SÓCRATES: E não pagar por eles é permanecer no Mal.

Polo: Sim.

Sócrates: Cometer uma injustiça é então o segundo dos males, sendo o primeiro, e maior, não pagar pelos crimes cometidos.

Polo: Sim, ao que parece.

Sócrates: Mas, meu amigo, não era disso que discordávamos? Tu consideravas feliz Arquelau* por praticar os maiores crimes sem sofrer nenhuma punição; a meu ver, é o oposto. Arquelau, ou qualquer outro que não pague pelos crimes que comete, deve ser mais infeliz do que todos. Será sempre mais infeliz o autor da injustiça do que a vítima, e mais ainda aquele que permanece impune e não paga por seus crimes. Não era isso o que eu dizia?

Polo: Sim.

[508e - 509d] **Sócrates:** ... Afirmo, Cálicles, que o maior mal não é ser golpeado na face sem motivo, ou ser ferido, ou roubado. Bater-me e ferir a mim e aos meus, escravizar-me, assaltar minha casa, ou, em suma, causar a mim e aos meus algum dano é pior e mais desonroso para quem o faz do que para mim, que sofro esses males. Essas conclusões a que chego foram provadas ao longo de nossa discussão e, para usar uma imagem forte, firmemente estabelecidas por uma cadeia de argumentos rígida como o ferro, tanto quanto posso julgar até esse momento. E a menos que tu, ou alguém mais radical, rompa esta cadeia, ninguém que afirme algo diferente pode estar certo. De minha parte, sigo meu princípio invariável. Não sei se isso é verdade, mas de todas as pessoas que encontrei até agora nenhuma foi capaz de afirmar o contrário sem cair no ridículo. Assumo, portanto, que esta seja a verdade. E se estou correto, e fazer o Mal é o pior que pode ocorrer para aquele que o pratica, e maior mal ainda, se possível, é não ser punido por isto, que tipo de proteção seria ridículo um homem não poder prover para si próprio? Deveria ser, com certeza, a contra o que nos causa o maior mal. 〞

MÊNON
O que é a virtude?

Mênon é um diálogo posterior a *Górgias* e tem como ponto de partida o questionamento sobre se é possível ensinar a virtude (*areté*). A resposta platônica é negativa: a virtude não pode ser ensinada; ou já a trazemos conosco ou

---

* Arquelau, tirano da Macedônia. Ver 471a-d.

nada será capaz de incuti-la em nós. Assim, a virtude deve ser inata. Porém, encontra-se adormecida em cada uma das pessoas, e o papel do filósofo consiste exatamente em despertá-la. A doutrina da reminiscência, ou anamnese, é o modo pelo qual o inatismo platônico é explicado neste diálogo.

Nesta primeira passagem, logo no início do diálogo, temos um embate entre Sócrates e Mênon acerca da natureza da virtude. Mênon apresenta exemplos do que seria a virtude e Sócrates argumenta contra essa tentativa de definir a virtude, ou qualquer conceito, por meio de exemplos. Necessitamos de uma definição geral que possa tornar os exemplos compreensíveis como casos particulares de um tipo geral. Seria um conceito, que devemos buscar. Mas onde?

66 [70a - 74b] *Uma questão de época: a virtude é coisa que se ensina?*

MÊNON: Podes dizer-me, Sócrates: a virtude é coisa que se ensina? Ou não é coisa que se ensina mas que se adquire pelo exercício? Ou nem coisa que se adquire pelo exercício nem coisa que se aprende, mas algo que advém aos homens por natureza ou por alguma outra maneira?

SÓCRATES: Até há pouco tempo, Mênon, os tessálios eram renomados entre os gregos, e admirados, por conta de sua arte equestre e de sua riqueza. Agora, entretanto, segundo me parece, também o são pela sabedoria. E sobretudo os concidadãos de teu amigo Aristipo, os larissos. O responsável por isso entre vós é Górgias. Pois, tendo chegado a vossa cidade, fez apaixonados, por conta de sua sabedoria, os principais tanto dos alêuades, entre os quais está teu apaixonado Aristipo, quanto dos outros tessálios. E, em especial, infundiu-vos esse costume de, se alguém fizer uma pergunta, responder sem temor e de maneira magnificamente altiva, como é natural [responderem] aqueles que sabem, visto que afinal ele próprio se oferecia para ser interrogado, entre os gregos, por quem quisesse, sobre o que quisesse, não havendo ninguém a quem não respondesse. Por aqui, amigo Mênon, aconteceu o contrário. Produziu-se como que uma estiagem da sabedoria, e há o risco de que a sabedoria tenha emigrado destas paragens para junto de vós. Pelo menos, se te dispões a, dessa maneira, interrogar os que aqui estão, nenhum [há] que não vai rir e dizer: "Estrangeiro, corro o risco de que penses que sou algum bem-aventurado – pelo menos alguém que sabe se a virtude é coisa que se ensina ou de que maneira se produz –; mas estou tão longe de saber se ela se ensina ou não, que nem sequer o que isso, a virtude, possa ser, me acontece saber, absolutamente."

Sócrates muda a questão. Que é a virtude?

SÓCRATES: Eu próprio, em realidade, Mênon, também me encontro nesse estado. Sofro com meus concidadãos da mesma carência no que se refere a esse assunto, e me censuro a mim mesmo por não saber absolutamente nada sobre a virtude. E quem não sabe o que uma coisa é, como poderia saber que tipo de coisa ela é? Ou te parece ser possível alguém que não conhece absolutamente quem é Mênon, esse alguém saber se ele é belo, se é rico e ainda se é nobre, ou se é mesmo o contrário dessas coisas? Parece-te ser isso possível?

MÊNON: Não, a mim, não. Mas tu, Sócrates, verdadeiramente não sabes o que é a virtude, e é isso que, a teu respeito, devemos levar como notícia para casa?

SÓCRATES: Não somente isso, amigo, mas também que ainda não encontrei outra pessoa que o soubesse, segundo me parece.

MÊNON: Mas como? Não te encontraste com Górgias quando ele esteve aqui?

SÓCRATES: Sim, encontrei-me.

MÊNON: Assim então, pareceu-te que ele não sabe?

SÓCRATES: Não tenho lá muito boa memória, Mênon, de modo que não posso dizer no presente como me pareceu naquela ocasião. Mas talvez ele, Górgias, saiba, e tu [saibas] o que ele dizia. Recorda-me então as coisas que ele dizia. Ou, se queres, fala por ti mesmo. Pois sem dúvida tens as mesmas opiniões que ele.

MÊNON: Tenho, sim.

SÓCRATES: Deixemos pois Górgias em paz, já que afinal está ausente. Mas tu mesmo, Mênon, pelos deuses!, que coisa afirmas ser a virtude? Dize, e não te faças rogar, para que um felicíssimo engano [seja o que] eu tenha cometido, se se revelar que tu e Górgias sabeis [o que é a virtude], tendo eu dito, ao invés, jamais ter encontrado alguém que soubesse.

1ª resposta de Mênon: uma enumeração de virtudes

MÊNON: Mas não é difícil dizer, Sócrates. Em primeiro lugar, se queres [que eu diga qual é] a virtude do homem, é fácil [dizer] que é esta a virtude do homem: ser capaz de gerir as coisas da cidade, e, no exercício dessa gestão, fazer bem aos amigos e mal aos inimigos, e guardar-se ele próprio de sofrer coisa parecida. Se queres [que diga qual é] a virtude da mulher, não é difícil explicar que é preciso a ela bem administrar a casa, cuidando da manutenção de seu interior e sendo obediente ao marido. E diferente é a virtude da criança, tanto a de uma menina quanto a de um menino, e a do ancião, seja a de um homem livre, seja a de um escravo. E há muitíssimas outras virtudes, de modo que não é uma dificuldade dizer, sobre a virtude, o que ela é. Pois a virtude é, para cada um de nós, com relação a cada trabalho, conforme cada ação e cada idade; e da mesma forma, creio, Sócrates, também o vício.

Crítica de Sócrates. Uma definição deve dar conta da unidade de uma multiplicidade

Sócrates: Uma sorte bem grande parece que tive, Mênon, se, procurando uma só virtude, encontrei um enxame delas pousado junto a ti. Entretanto, Mênon, a propósito dessa imagem, essa sobre o enxame, se, perguntando eu, sobre o ser da abelha, o que ele é, dissesses que elas são muitas e assumem toda variedade de formas, o que me responderias se te perguntasse: "Dizes serem elas muitas e de toda variedade de formas e diferentes umas das outras quanto a serem elas abelhas? Ou quanto a isso elas não diferem nada, mas sim quanto a outra coisa, por exemplo quanto à beleza, ou ao tamanho, ou quanto a qualquer outra coisa desse tipo? Dize: que responderias, sendo interrogado assim?"

Mênon: Eu, de minha parte, diria que, quanto a serem abelhas, não diferem nada umas das outras.

Sócrates: Se então eu dissesse depois disso: "Nesse caso, dize-me isso aqui, Mênon: aquilo quanto a que elas nada diferem, mas quanto a que são todas o mesmo, que afirmas ser isso?" Poderias, sem dúvida, dizer-me alguma coisa?

Mênon: Sim, poderia.

Sócrates: Ora, é assim também no que se refere às virtudes. Embora sejam muitas e assumam toda variedade de formas, têm todas um caráter único, [que é] o mesmo, graças ao qual são virtudes, para o qual, tendo voltado seu olhar, a alguém que está respondendo é perfeitamente possível, penso, fazer ver, a quem lhe fez a pergunta, o que vem a ser a virtude. Ou não entendes o que digo?

Mênon: Acho que entendo, sim. Contudo, ainda não apreendo, como quero pelo menos, aquilo que é perguntado.

Sócrates: Mas é só a propósito da virtude que te parece ser assim, Mênon: que a virtude do homem é diferente da virtude da mulher, e da dos outros? Ou passa-se a mesma coisa também com a saúde, com o tamanho e com a força? Parece-te ser uma a saúde do homem, outra a da mulher? Ou por toda parte é o mesmo caráter, se realmente for saúde, quer esteja no homem, quer esteja em quem quer que seja?

Mênon: A saúde, ela, parece-me ser a mesma, tanto a do homem quanto a da mulher.

Platão

SÓCRATES: Também o tamanho e a força, não é verdade? Caso a mulher seja forte, é graças ao mesmo caráter e graças à mesma força que será forte, não é? Pois por "a mesma" quero dizer isso: que em nada difere a força, no que concerne ao ser forte, quer esteja no homem, quer na mulher. Ou pensas que de alguma forma difere?

MÊNON: Eu, não.

SÓCRATES: Mas a virtude, quanto ao ser virtude, diferirá em alguma coisa, quer esteja numa criança ou num velho, quer numa mulher ou num homem?

MÊNON: A mim pelo menos parece, de alguma forma, Sócrates, que esse caso já não é parecido com aqueles outros.

SÓCRATES: Por quê? Não disseste que a virtude do homem é bem administrar a cidade, e que a da mulher [é bem administrar] a casa?

MÊNON: Sim, disse.

SÓCRATES: Será então que é possível bem administrar, seja a cidade, seja a casa, seja qualquer outra coisa, não administrando de maneira prudente e justa?

MÊNON: Não, certamente.

SÓCRATES: Então, não é verdade?, se realmente administram de maneira justa e prudente, é por meio de justiça e prudência que administrarão.

MÊNON: Necessariamente.

SÓCRATES: Logo, das mesmas coisas ambos precisam, tanto a mulher quanto o homem, se realmente devem ser bons: da justiça e da prudência.

MÊNON: É evidente que precisam.

SÓCRATES: Mas a criança e o ancião? Será que sendo intemperantes e injustos poderão jamais ser bons?

MÊNON: Não, certamente.

SÓCRATES: Mas sim sendo prudentes e justos?

MÊNON: Sim.

SÓCRATES: Logo, todos os seres humanos, é pela mesma maneira que são bons; pois é vindo a ter as mesmas coisas que se tornam bons.

MÊNON: Parece.

SÓCRATES: Não seriam bons pela mesma maneira, não é mesmo?, se não fosse a mesma virtude que pertencesse a eles.

MÊNON: Certamente não.

SÓCRATES: Já que, pois, é a mesma virtude que pertence a todos, tenta reavivar a lembrança e dizer o que Górgias, e tu com ele, diz que ela é.

2ª resposta de Mênon: tentativa de definir a virtude em geral

MÊNON: Que outra coisa seria senão ser capaz de comandar os homens? Se é verdade pelo menos que procuras uma coisa única para todos os casos.

Crítica de Sócrates. A unidade da definição deve respeitar a multiplicidade do definiendum, não podendo:

a) confundir suas variedades:

SÓCRATES: Mas é certamente o que procuro. Mas então, Mênon, é a mesma virtude, a da criança e a do escravo: serem, ambos, capazes de comandar seu senhor? E te parece que ainda seria escravo aquele que comanda?

MÊNON: Não me parece absolutamente, Sócrates.

b) confundir o *definiendum* com uma de suas espécies:

SÓCRATES: Não é provável, com efeito, caríssimo. Pois examina ainda o seguinte: afirmas que a virtude é ser capaz de comandar. Não deveremos acrescentar aí "com justiça, e não injustamente"?

MÊNON: Creio, de minha parte, que sim. Pois a justiça é virtude, Sócrates.

SÓCRATES: É virtude, Mênon, ou uma virtude? Como em outro caso qualquer. Por exemplo, se queres, a respeito da redondez, eu diria que é uma figura, não simplesmente que [é] figura. E diria assim, pela razão de que há ainda outras figuras.

MÊNON: E corretamente [estarias] falando, pois também eu digo que há não somente a justiça, mas também outras virtudes.

SÓCRATES: Quais [dizes serem] elas? Nomeia[-as], assim como eu, por exemplo, também te nomearia outras figuras, se me pedisses; tu também, então, nomeia-me outras virtudes.

MÊNON: Pois bem: a coragem me parece ser uma virtude, e também a prudência, a sabedoria, a grandeza d'alma e numerosas outras.

SÓCRATES: De novo, Mênon, acontece-nos o mesmo. Outra vez, ao procurar uma única, eis que encontramos, de maneira diferente de há pouco, uma pluralidade de virtudes. Mas a única [virtude], a que perpassa todas elas, não conseguimos achar.

MÊNON: Com efeito, Sócrates, ainda não consigo apreender, como procuras, uma virtude [que é] única em todas elas, como era nos outros [casos] (74b).

A REPÚBLICA
O Anel de Giges

A República é um dos mais extensos diálogos de Platão e tem importância central em seu pensamento por discutir praticamente todos os grandes temas de sua filosofia. Ao apresentar uma longa reflexão sobre a decadência da democracia ateniense, o texto formula um ideal de cidade justa, em nome do qual se pode criticar a Atenas da época, considerada por Platão decadente e corrupta. *A República* é, assim, a primeira utopia de nossa tradição, uma vez que propõe uma cidade ideal (592a). O ponto de partida (Livro I) é a questão sobre "O que é a justiça (*dikaiosyne*)?" ou, talvez mais apropriadamente, "O que é a conduta correta?".

O diálogo pertence ao que se chama "período intermediário" da obra platônica, em que o filósofo formula sua teoria das formas ou das ideias. Parte da resposta à questão sobre o que é a justiça consiste precisamente no conhecimento da forma da justiça e envolve, portanto, a discussão sobre a natureza das formas, ou ideias, e a possibilidade de conhecê-las.

É neste sentido que, como dito acima, este diálogo inclui praticamente todos os grandes temas da filosofia platônica e da tradição filosófica por ele influenciada: a natureza da realidade, as formas como a verdadeira realidade, o problema do conhecimento e o Bem (*agathós idéan*) como forma suprema e fundamento da ética e da justiça, duas dimensões complementares da conduta correta. Temos, assim, metafísica, ética, epistemologia, política e pedagogia em uma discussão integrada acerca desses temas, que são na verdade aspectos de uma mesma problemática.

Os textos aqui selecionados têm como foco principal a questão ética. Nesta primeira passagem, em que Glauco expõe o mito do Anel de Giges, uma reelaboração platônica de um mito encontrado já em Heródoto, é apresentada a tese de que os homens só são justos porque temem o castigo. Se estivessem certos da impunidade, cometeriam todo tipo de atos condenáveis. Deem a um indivíduo o poder de fazer o que quiser e ele não hesitará em agir de forma injusta e de acordo com seu interesse particular. Glauco, que não endossa esta tese, faz questão de apresentá-la para debate e convida Sócrates a refutá-la. De fato esta será uma das grandes questões discutidas na *República*, sendo até hoje um problema fundamental da ética: a conduta ética depende apenas do medo da punição?

30

Textos básicos de ética

❝ [359b - 360a] GLAUCO: Vamos provar que a justiça só é praticada contra a própria vontade dos indivíduos e devido à incapacidade de se fazer a injustiça, imaginando o que se segue. Vamos supor que se dê ao homem de bem e ao injusto igual poder de fazer o que quiserem, seguindo-os para ver até onde os leva a paixão. Veremos com surpresa o homem de bem tomar o mesmo caminho que o injusto, este impulsionado a querer sempre mais, impulso que se encontra em toda natureza, mas ao qual a força da lei impõe limites. O melhor meio de testá-los da maneira como digo seria dar-lhes o mesmo poder que, segundo dizem, teve Giges, o antepassado do rei da Lídia. Giges era um pastor a serviço do então soberano da Lídia. Devido a uma terrível tempestade e a um terremoto, abriu-se uma fenda no chão no local onde pastoreava o seu rebanho. Movido pela curiosidade, desceu pela fenda e viu, admirado, um cavalo de bronze, oco, com aberturas. E ao olhar através de uma das aberturas viu um homem de estatura gigantesca que parecia estar morto. O homem estava nu e tinha apenas um anel de ouro na mão. Giges o pegou e foi embora. Mais tarde, tendo os pastores se reunido, como de hábito, para fazer um relatório sobre os rebanhos ao rei, Giges compareceu à reunião usando o anel. Sentado entre os pastores, girou por acaso o anel, virando a pedra para o lado de dentro de sua mão, e imediatamente tornou-se invisível para os outros, que falavam dele como se não estivesse ali, o que o deixou muito espantado. Girou de novo o anel, rodando a pedra para fora, e tornou-se novamente visível. Perplexo, repetiu o feito para certificar-se de que o anel tinha esse poder e concluiu que ao virar a pedra para dentro tornava-se invisível e ao girá-la para fora voltava a ser visível. Tendo certeza disso, juntou-se aos pastores que iriam até o rei como representantes do grupo. Chegando ao palácio, seduziu a rainha e com a ajuda dela atacou e matou o soberano, apoderando-se do trono. Vamos supor agora que existam dois anéis como este e que seja dado um ao justo e outro ao injusto. Ao que parece não encontraremos ninguém suficientemente dotado de força de vontade para permanecer justo e resistir à tentação de tomar o que pertence a outro, já que poderia impunemente tomar o que quisesse no mercado, invadir as casas e ter relações sexuais com quem quisesse, matar e quebrar as armas dos outros. Em suma, agir como se fosse um deus. Nada o distinguiria do injusto, ambos tenderiam a fazer o mesmo e veríamos nisso a prova de que ninguém é justo porque deseja, mas por imposição. A justiça não é, portanto, uma qualidade individual, pois sempre que acreditarmos que podemos praticar atos injustos não deixaremos de fazê-lo.

De fato, todos os homens creem que a injustiça lhes traz individualmente mais vantagens do que a justiça, e têm razão, se levarmos em conta os adeptos dessa doutrina. Se um homem que tivesse tal poder não consentisse nunca em cometer um ato injusto e tomar o que quisesse de outro, acabaria por ser considerado, por aqueles que conhecessem o seu segredo, como o mais infeliz e tolo dos homens. Não deixariam de elogiar publicamente a sua virtude, mas para disfarçarem, por receio de sofrerem eles próprios alguma injustiça. Era isso o que tinha a dizer. **99**

A REPÚBLICA
A Alegoria da Caverna

O texto mais célebre da *República* é sem dúvida a Alegoria da Caverna*, em que Platão, utilizando-se de linguagem alegórica, discute o processo pelo qual o ser humano pode passar da visão habitual que tem das coisas, "a visão das sombras", unidirecional, condicionada pelos hábitos e preconceitos que adquire ao longo de sua vida, até a visão do Sol, que representa a possibilidade de alcançar o conhecimento da realidade em seu sentido mais elevado e compreendê-la em sua totalidade. A visão do Sol representa não só o alcance da Verdade e, portanto, do conhecimento em sua acepção mais completa, já que o Sol é "a causa de tudo", mas também, como diz Sócrates na conclusão dessa passagem: "Nos últimos limites do mundo inteligível aparece-me a ideia do Bem, que se percebe com dificuldade, mas que não se pode ver sem se concluir que ela é a causa de tudo o que há de reto e de belo. ... Acrescento que é preciso vê-la se se quer comportar-se com sabedoria, seja na vida privada, seja na vida pública."

De acordo com este texto, a possibilidade de um indivíduo tornar-se justo e virtuoso depende de um processo de transformação pelo qual deve passar. Assim, afasta-se das aparências, rompe com as cadeias de preconceitos e condicionamentos e adquire o verdadeiro conhecimento. Tal processo culmina com a visão da forma do Bem, representada pela metáfora do Sol. O sábio é aquele que atinge essa percepção. Para Platão, conhecer o Bem significa tornar-se virtuoso. Aquele que conhece a justiça não pode deixar de agir de modo justo.

A REPÚBLICA
A natureza humana

Nesta passagem, Platão faz uma analogia entre os tipos de governo da cidade (timocracia, oligarquia, democracia e tirania), examinados anteriormente (Livro VIII) e o governo da alma. Sócrates apresenta a Glauco três tipos de homem

---

* Ver Danilo Marcondes, *Textos básicos de filosofia*, Rio de Janeiro, Zahar, 5ª ed. 2007, p.39-43.

e pergunta qual deles seria o mais feliz: o governado pela razão, aquele que é dominado pelo desejo de glória ou o que é dirigido pela ambição de riqueza. Conclui que é aquele em que a razão predomina. Assim, se como vimos acima, a conduta ética depende do autocontrole, segundo a concepção platônica de natureza humana nesta passagem, o indivíduo mais feliz e realizado do ponto de vista ético é aquele em que a razão predomina e por isso é capaz de decidir com mais acuidade e melhor governar a si mesmo.

[579e] SÓCRATES: ... Proclamarei agora que o melhor e mais justo é também o mais feliz, é aquele que tem a natureza de um rei, governa a si mesmo como tal; enquanto o mais perverso e injusto é também o mais infeliz, sendo de natureza tirânica e governando a si mesmo e à cidade como um tirano.

[580d - 583a] SÓCRATES: Se assim como a cidade, que está dividida em três partes, a alma de cada indivíduo tem três elementos, nossa tese pode ser demonstrada de outro modo.

GLAUCO: Qual seria?

SÓCRATES: Eis o que penso. Se há três partes, parece haver também três tipos de prazer específicos a cada uma delas. E, da mesma maneira, três modelos de desejos e impulsos.

GLAUCO: Como assim?

SÓCRATES: O primeiro elemento é aquele pelo qual o homem aprende, o segundo é o que o faz irascível, e o terceiro, que possui diferentes formas, tal que não podemos encontrar uma denominação única e adequada, designamos pelo que o caracteriza melhor, é o desejo, que o impulsiona a buscar alimento, bebida, amor e outros prazeres do mesmo tipo, assim como riqueza, já que é por meio dela que se podem satisfazer esses outros desejos.

GLAUCO: Tens razão.

SÓCRATES: Se considerarmos que o prazer do homem desse tipo se encontra no lucro, poderíamos, para fins de nossa discussão, encontrar uma noção única que caracterizasse esse elemento da alma e deixasse essa ideia mais clara para nós. Proponho assim denominar esse tipo de homem como aquele que busca o ganho e a satisfação (*philokrématon*), pois acho esse o nome mais adequado.

GLAUCO: É o que parece.

Sócrates: E não dissemos que, devido ao elemento irascível, está sempre buscando o sucesso, a glória e o triunfo?

Glauco: Sim, de fato.

Sócrates: Se o denominarmos, então, amigo do sucesso e da glória, não seria esse um nome correto?

Glauco: Sim, perfeitamente correto.

Sócrates: Em relação à parte cognitiva, não parece evidente a todos que é o que nos impele a conhecer a verdade tal como ela é, preocupando-se menos com o sucesso e a glória?

Glauco: Certo.

Sócrates: E se o chamarmos de amigo do saber, não estaremos lhe dando o nome adequado?

Glauco: Sim, sem dúvida.

Sócrates: E não é verdade que as almas ou são governadas por este elemento, ou por um dos outros dois?

Glauco: Sim.

Sócrates: Portanto, podemos caracterizar três classes de indivíduos: o filósofo, o ambicioso e o amigo do ganho.

Glauco: Com certeza.

Sócrates: E haverá um tipo de prazer correspondente a cada uma dessas classes?

Glauco: Sim, de fato.

Sócrates: E como sabes, se perguntássemos a cada um desses indivíduos qual a vida melhor, cada um afirmaria ser a sua. O amigo do ganho dirá que, em comparação com o que recebe, o prazer da glória e do saber não são nada, a menos que lucre com isso.

Glauco: Sim, é o que dirá.

Sócrates: O ambicioso considerará o ganho como algo vulgar e o saber, quando não traz glórias, vago e inútil.

Glauco: É verdade.

Sócrates: O filósofo, por sua vez, não dará nenhuma importância aos outros prazeres comparados ao conhecimento da verdade e ao que se obtém quando se alcança este saber. Considera as demais satisfações inferiores e as dispensaria se pudesse.

Glauco: Podemos estar certos disso.

Sócrates: Uma vez que discutimos sobre a vida de cada um desses indivíduos, não com o objetivo de decidir sobre qual a mais honesta ou desonesta, melhor ou pior, mas sim qual a mais agradável e prazerosa, como saber qual deles tem razão?

Glauco: Não sei responder.

Sócrates: Pois vamos considerar o seguinte: quais as características mais importantes para julgar bem? Não são a experiência, a sabedoria e o raciocínio? Haveria outros critérios melhores do que estes?

Glauco: Isso não seria possível!

Sócrates: Reflita então qual dos três indivíduos tem mais experiência de todos os prazeres que examinamos. Se o amigo do ganho buscasse conhecer a verdade, obteria ele mais experiência do conhecimento do que o filósofo do prazer do lucro?

Glauco: O filósofo se encontra na situação mais vantajosa, porque ele necessariamente experimentou os outros prazeres desde a infância. O amigo do ganho, porém, em toda a sua vivência, não terá necessariamente provado a doçura do saber e o conhecimento da verdade, e mesmo que o quisesse não lhe seria fácil.

Sócrates: Por conseguinte, o filósofo leva vantagem sobre o amigo do ganho, por ter experimentado os dois tipos de prazeres.

Glauco: Exatamente.

Sócrates: E terá ele maior experiência em relação às honras do que o ambicioso em relação ao saber?

Glauco: Não, os três experimentam a honra na medida em que alcançam seus objetivos. Tanto o rico como o ambicioso e o sábio têm seus admiradores e recebem honrarias, o que faz com que todos tenham essa experiência. Mas só o filósofo é capaz do prazer que resulta da contemplação do ser.

Sócrates: Logo, por sua experiência, ele é capaz de julgar melhor do que os outros.

Glauco: Muito melhor.

Sócrates: Ele é também o único que reúne experiência e sabedoria.

Glauco: Certamente.

Sócrates: Além disso, a faculdade que é instrumento do juízo não pertence nem ao ambicioso, nem ao amigo do ganho, mas ao filósofo.

Glauco: De que faculdade se trata?

Sócrates: Da razão, que afirmamos ser necessária para julgar.

Glauco: Sim.

Sócrates: E a razão é o instrumento específico do filósofo.

Glauco: Seguramente.

Sócrates: Se a riqueza e o lucro fossem o melhor critério para julgar, os elogios e as críticas do amigo do ganho seriam necessariamente os mais confiáveis.

Glauco: Certamente.

Sócrates: E se a honra, o sucesso e a coragem fossem os critérios, não seria o juízo do ambicioso e bem-sucedido o melhor?

Glauco: Com certeza.

Sócrates: Mas, já que o juízo depende da experiência, da sabedoria e da razão...

Glauco: Então necessariamente o mais verdadeiro é o que o filósofo e amigo da razão aprova.

Sócrates: Assim concluímos que os prazeres da parte inteligível da alma são os melhores dos três e é mais feliz o homem governado por este elemento. 🎵

QUESTÕES E TEMAS PARA DISCUSSÃO

1. Quais os argumentos de Sócrates contra a tese de que o melhor é o mais forte?
2. Como é caracterizado no *Górgias* o indivíduo injusto?
3. Sócrates afirma ser melhor sofrer uma injustiça do que cometê-la. Por quê? Você concorda?
4. Segundo Platão, qual a importância do conhecimento do Bem para a conduta ética?
5. Você concorda que se fosse dado às pessoas o poder de fazer o que quisessem, sem medo de serem punidas, tal como no mito do Anel de Giges, elas agiriam de forma antiética?
6. Como pode ser definida a virtude, segundo o *Mênon*?
7. Por que, para Platão, a virtude não pode ser ensinada?
8. Como Platão caracteriza na *República* (Livro IX) o "homem feliz"? Compare essa caracterização com a do "homem justo" no *Górgias*.
9. Por que, ainda de acordo com as ideias expostas na *República*, a razão deve ter, de um ponto de vista ético, privilégio em relação aos demais elementos da natureza humana?

LEITURAS SUGERIDAS

Abel Jeannière, *Platão*, Rio de Janeiro, Zahar, 1995.
Bernard Williams, *Platão*, São Paulo, Unesp, 1999.
Geneviève Droz, *Os mitos platônicos*, Brasília, UnB, 1997.
Jaime Paviani, *Platão e A República*, Rio de Janeiro, Zahar, 2003.

ARISTÓTELES

Enquanto nos diálogos de Platão todas as grandes questões filosóficas se encontram bem encadeadas e passamos de uma discussão sobre a verdade e o conhecimento para outras de natureza ética, como vimos no capítulo anterior, a filosofia de Aristóteles é de caráter mais sistemático e analítico, dividindo a experiência humana em três grandes áreas: o saber teórico, ou campo do conhecimento; o saber prático, ou campo da ação; e o saber criativo ou produtivo. Outra diferença que pode ser notada diz respeito ao tipo de texto que chegou até nós. Enquanto de Platão nos chegaram os diálogos, de Aristóteles sobreviveram escritos que são basicamente notas de aula (embora ele tenha também produzido diálogos, perdidos já na Antiguidade). Isto faz com que os textos de Aristóteles tenham um estilo que parece mais árido.

No sistema de Aristóteles, a ética, juntamente com a política, pertence ao domínio do saber prático, que pode ser contrastado ao saber teórico. Enquanto no âmbito do saber teórico, que inclui a metafísica, a matemática e as ciências naturais, sobretudo a física, o objetivo é o conhecimento da realidade em suas leis e princípios mais gerais, no domínio do saber prático o intuito é estabelecer sob que condições podemos agir da melhor forma possível tendo em vista o nosso objetivo primordial que é a felicidade (*eudaimonia*), ou a realização pessoal. Esse saber prático é por vezes também denominado prudencial, por ter como faculdade definidora a prudência, como em alguns casos se traduz o termo grego *phronesis* (que pode ser traduzido ainda como razão prática, ou capacidade de discernimento). No que consiste essa felicidade e como é possível ao ser humano alcançá-la são as questões centrais da *Ética a Nicômaco*. Para obter respostas, Aristóteles examina a natureza humana e suas características definidoras do ponto de vista ético: as virtudes. Grande parte da discussão do texto é dedicada, portanto, ao conceito de virtude moral (*areté*), ou excelência de caráter.

Aristóteles define seu objetivo como eminentemente prático e critica (*Ética a Nicômaco*, I, 6) a concepção platônica de forma, ou ideia, do Bem, por seu sentido genérico, excessivamente abstrato e distante da experiência humana.

ÉTICA A NICÔMACO
O conceito de felicidade

A *Ética Nicomaqueia*, ou *Ética a Nicômaco*, de Aristóteles (384-22 a.C.), foi o primeiro tratado de ética da tradição filosófica ocidental e também pioneiro no uso do termo "ética" no sentido em que o empregamos até hoje, como um estudo sistemático sobre as normas e os princípios que regem a ação humana e com base nos quais essa ação é avaliada em relação a seus fins. O texto ficou conhecido como *Ética a Nicômaco* por ter sido dedicado a Nicômaco, filho de Aristóteles. A obra marcou profundamente a discussão subsequente sobre ética, definindo as linhas centrais de discussão filosófica nessa área.

Dos Capítulos 4 ao 7 do Livro I, dentre os quais destacamos o Capítulo 6, encontramos a caracterização aristotélica da felicidade (*eudaimonia*) como objetivo visado por todo ser humano. O termo *eudaimonia* pode ser entendido também como bem-estar, principalmente como bem-estar em relação a algo que se realiza. Portanto, na concepção aristotélica a felicidade está relacionada à realização humana e ao sucesso naquilo que se pretende obter, o que só se dá se aquilo que se faz é bem-feito, ou seja, corresponde à excelência humana e depende de uma virtude (*areté*) ou qualidade de caráter que torna possível essa realização.

A noção de felicidade é central à ética aristotélica, que por esse motivo é caracterizada como "ética eudaimônica", caracterização que se estende às éticas influenciadas por Aristóteles em geral e que, de maneira similar, atribuem fundamental importância ao conceito de felicidade.

6. Mas como entendemos o bem? Ele não é certamente semelhante às coisas que somente por acaso têm o mesmo nome. São os bens uma coisa só, então, por serem derivados de um único bem, ou por contribuírem todos para um único bem, ou eles são uma única coisa apenas por analogia? Certamente, da mesma forma que a visão é boa no corpo, a razão é boa na alma, e identicamente em outros casos. Mas talvez seja melhor deixar de lado estes tópicos por enquanto, pois um exame detalhado dos mesmos seria mais apropriado em outro ramo da filosofia. Acontece o mesmo em relação à forma do bem; ainda que haja um bem único que seja um predicado universal dos bens, ou capaz de existir separada e independentemente, tal bem não poderia obviamente ser praticado ou atingido pelo homem, e agora estamos procurando algo atingível. Talvez alguém possa pensar que vale a pena ter conhecimento deste bem, com vistas aos bens atingíveis e praticáveis; com efeito, usando-o como uma espécie de protótipo, conheceremos melhor os bens que são bons para nós e, conhecendo-os, poderemos atingi-los. Este argumento tem alguma plausibilidade, mas parece colidir com o método científico; todas as ciências, com efeito, embora visem a algum bem e procurem suprir-lhe as deficiências, deixam de lado o conhecimento da forma do bem. Mais ainda: não é provável que todos os praticantes das diversas artes desconheçam e nem sequer tentem obter uma ajuda tão preciosa. Também é difícil perceber como um tecelão ou um carpinteiro seria beneficiado em relação ao seu próprio ofício com o conhecimento deste "bem em si", ou como uma pessoa que vislumbrasse a própria forma poderia vir a ser um médico ou general melhor por isto. Com efeito, não parece que um médico estude a "saúde em si", e sim a saúde do homem, ou talvez até a saúde de um determinado homem; ele está curando indivíduos. Mas já falamos bastante sobre estes assuntos.

7. Voltemos agora ao bem que estamos procurando, e vejamos qual a sua natureza. Em uma atividade ou arte ele tem uma aparência, e em outros casos outra. Ele é diferente em medicina, em estratégia, e o mesmo acontece nas artes restantes. Que é então o bem em cada uma delas? Será ele a causa de tudo que se faz? Na medicina ele é a saúde, na estratégia é a vitória, na arquitetura é a casa, e assim por diante em qualquer outra esfera de atividade, ou seja, o fim visado em cada ação e propósito, pois é por causa dele que os homens fazem tudo mais. Se há portanto um fim visado em tudo que fazemos, este fim é o bem atingível pela atividade, e se há mais de um, estes são os bens atingíveis pela atividade. Assim a argumentação chegou ao mesmo ponto por um caminho diferente, mas devemos tentar a demonstração de maneira mais clara.

Já que há evidentemente mais de uma finalidade, e escolhemos algumas delas (por exemplo, a riqueza, flautas ou instrumentos musicais em geral) por causa de* algo mais, obviamente nem todas elas são finais; mas o bem supremo é evidentemente final. Portanto, se há somente um bem final, este será o que estamos procurando, e se há mais de um, o mais final dos bens será o que estamos procurando. Chamamos aquilo que é mais digno de ser

---

* Isto é, como meios para. (N.T.)

perseguido em si mais final que aquilo que é digno de ser perseguido por causa de outra coisa, e aquilo que nunca é desejável por causa de outra coisa chamamos de mais final que as coisas desejáveis tanto em si quanto por causa de outra coisa, e portanto chamamos absolutamente final aquilo que é sempre desejável em si, e nunca por causa de algo mais. Parece que a felicidade, mais que qualquer outro bem, é tida como este bem supremo, pois a escolhemos sempre por si mesma, e nunca por causa de algo mais; mas as honrarias, o prazer, a inteligência e todas as outras formas de excelência, embora as escolhamos por si mesmas (escolhê-las-íamos ainda que nada resultasse delas), escolhemo-las por causa da felicidade, pensando que através delas seremos felizes. Ao contrário, ninguém escolhe a felicidade por causa das várias formas de excelência, nem, de um modo geral, por qualquer outra coisa além dela mesma. **,,**

ÉTICA A NICÔMACO
A virtude é um hábito

Nesse texto*, contrariamente a Platão no *Mênon*, Aristóteles afirma que a virtude (*areté*, aqui traduzida por "excelência") pode ser ensinada, sendo esse ensinamento um dos objetivos centrais da filosofia. A virtude não é inata, mas resulta do hábito (*ethos*, raiz do próprio termo "ética", como lembra Aristóteles), ou seja, é necessário praticá-la, exercê-la efetivamente para nos tornarmos virtuosos.

ÉTICA A NICÔMACO
A doutrina do meio-termo

Nessas duas passagens do Livro II temos a definição aristotélica do meio-termo, ou justa medida (*mesotes*), um dos princípios fundamentais de sua ética. A ação correta do ponto de vista ético deve evitar os extremos, tanto o excesso quanto a falta, caracterizando-se assim pelo equilíbrio, ou justa medida. A sabedoria prática (*phronesis*) consiste na capacidade de discernir essa medida, cuja determinação poderá variar de acordo com as circunstâncias e situações envolvidas. No Capítulo 7 desse livro, Aristóteles apresenta um qua-

* Ver Danilo Marcondes, *Textos básicos de filosofia*, Rio de Janeiro, Zahar, 5ª ed. 2007, p.52-4.

Aristóteles

> dro das virtudes ou qualidades e dos vícios ou faltas, e define a justa medida em cada caso. A moderação, ou temperança (*sophrosyné*), é a característica do indivíduo equilibrado no sentido ético.

8. Em relação ao meio-termo, em alguns casos é a falta e em outros é o excesso que está mais afastado; por exemplo, não é a temeridade, que é o excesso, mas a covardia, que é a falta, que é mais oposta à coragem, e não é a insensibilidade, que é uma falta, mas a concupiscência, que é um excesso, que é mais oposta à moderação. Isto acontece por duas razões; uma delas tem origem na própria coisa, pois por estar um extremo mais próximo ao meio-termo e ser mais parecido com ele, opomos ao intermediário não o extremo, mas seu contrário. Por exemplo, como se considera a temeridade mais parecida com a coragem, e a covardia mais diferente, opomos esta última à coragem, pois as coisas mais afastadas do meio-termo são tidas como mais contrárias a ele; a outra razão tem origem em nós mesmos, pois as coisas para as quais nos inclinamos mais naturalmente parecem mais contrárias ao meio-termo. Por exemplo, tendemos mais naturalmente para os prazeres, e por isso somos levados mais facilmente para a concupiscência do que para a moderação. Chamamos, portanto, contrárias ao meio-termo as coisas para as quais nos sentimos mais inclinados; logo, a concupiscência, que é um excesso, é mais contrária à moderação.

9. Já explicamos suficientemente, então, que a excelência moral é um meio-termo e em que sentido ela o é, e que ela é um meio-termo entre duas formas de deficiência moral, uma pressupondo excesso e outra pressupondo falta, e que a excelência moral é assim porque sua característica é visar às situações intermediárias nas emoções e nas ações. Por isso, ser bom não é um intento fácil, pois em tudo não é um intento fácil determinar o meio – por exemplo, determinar o meio de um círculo não é para qualquer pessoa, mas para as que sabem; da mesma forma, todos podem encolerizar-se, pois isso é fácil, ou dar ou gastar dinheiro; mas proceder assim em relação à pessoa certa até o ponto certo, no momento certo, pelo motivo certo e da maneira certa não é para qualquer um, nem é fácil; portanto, agir bem é raro, louvável e nobilitante. Quem visa ao meio-termo deve primeiro evitar o extremo mais contrário a ele, de conformidade com a advertência de Calipso: "Mantém a nau distante desta espuma e turbilhão."

De dois extremos, com efeito, um induz mais em erro e o outro menos; logo, já que atingir o meio-termo é extremamente difícil, a melhor entre as alternativas restantes, como se costuma dizer, é escolher o menor dos males, e a melhor maneira de atingir este objetivo é a que descrevemos. Mas devemos estar atentos aos erros para os quais nós mesmos nos inclinamos mais facilmente, pois algumas pessoas tendem para uns e outras para outros; descobri-los-emos mediante a observação do prazer ou do sofrimento que experimentamos; isto feito, devemos dirigir-nos resolutamente para o extremo oposto, pois chegaremos à situação intermediária afastando-nos tanto quanto possível do erro, como se faz para acertar a madeira empenada.

Em tudo devemos precaver-nos, principalmente contra o que é agradável e contra o prazer, pois não somos juízes imparciais diante deste. Devemos sentir-nos em relação ao prazer da mesma forma que os anciãos do povo se sentiram diante de Helena, e repetir em todas as circunstâncias as suas palavras, pois se o afastamos de nós é menos provável que erremos. Em resumo, é agindo desta maneira que seremos mais capazes de atingir o meio-termo.

Mas sem dúvida isto é difícil, especialmente nos casos particulares, porquanto não é fácil determinar de que maneira, e com quem e por que motivos, e por quanto tempo devemos encolerizar-nos; às vezes nós mesmos louvamos as pessoas que cedem e as chamamos de amáveis, mas às vezes louvamos aquelas que se encolerizam e a chamamos de viris. Entretanto, as pessoas que se desviam um pouco da excelência não são censuradas, quer o façam no sentido do mais, quer o façam no sentido do menos; censuramos apenas as pessoas que se desviam consideravelmente, pois estas não passarão despercebidas. Mas não é fácil determinar racionalmente até onde e em que medida uma pessoa pode desviar-se antes de tornar-se censurável (de fato, nada que é percebido pelos sentidos é fácil de definir); tais coisas dependem de circunstâncias específicas, e a decisão depende da percepção. Isto é bastante para determinar que a situação intermediária deve ser louvada em todas as circunstâncias, mas que às vezes devemos inclinar-nos no sentido do excesso, e às vezes no sentido da falta, pois assim atingiremos mais facilmente o meio-termo e o que é certo. **"**

ÉTICA A NICÔMACO
As virtudes intelectuais e a sabedoria prática

No Livro VI Aristóteles define as virtudes intelectuais, classificando-as em cinco formas: a arte ou técnica (*techné*), o conhecimento científico (*episteme*), a prudência, saber prático ou discernimento (*phronesis*), a intuição intelectual (*noesis*) e a sabedoria (*sophia*). No Capítulo V, temos a definição da *phronesis*, geralmente traduzida pelo termo latino *prudentia*, que por sua vez pode ser traduzido por prudência, saber prático, ou capacidade de discernimento.

5. Com referência ao discernimento, chegaremos à sua definição se considerarmos quais são as pessoas dotadas desta forma de excelência. Pensa-se que é característico de uma pessoa de discernimento ser capaz de deliberar bem acerca do que é bom e conveniente para si mesma, não em relação a um aspecto particular – por exemplo, quando se quer saber quais as espécies de coisas que concorrem para a saúde e para o vigor físico –, e sim acerca das espécies de coisas que nos levam a viver bem de um modo geral. A evidência disto é o fato de dizermos que uma pessoa é dotada de discernimento em relação a algum aspecto particular quando ela calcula bem com vistas a algum objetivo bom, diferente daqueles que são o objetivo de uma arte qualquer.

Consequentemente, no sentido mais geral a pessoa capaz de bem deliberar é dotada de discernimento. Mas ninguém delibera acerca das coisas invariáveis, nem acerca de ações que não podem ser praticadas. Portanto, uma vez que o conhecimento científico envolve demonstração, mas não pode haver demonstração de coisas cujos primeiros princípios são variáveis, porque tudo nelas é variável, e porque é impossível deliberar acerca de coisas que são como são por necessidade, o discernimento não pode ser conhecimento científico nem arte; ele não pode ser ciência porque aquilo que se refere às ações admite variações, nem arte, porque agir e fazer são coisas de espécies diferentes. A alternativa restante, então, é que ele é uma qualidade racional que leva à verdade no tocante às ações relacionadas com as coisas boas ou más para os seres humanos. De fato, enquanto fazer tem uma finalidade diferente do próprio ato de fazer, a finalidade na ação não pode ser senão a própria ação, pois agir é uma finalidade em si. É por esta razão que pensamos que homens como Péricles têm discernimento, porque podem ver o que é bom para si mesmos e para os homens em geral; consideramos que as pessoas capazes de fazer isto são capazes de bem dirigir as suas casas e cidades. É esta explicação do nome "moderação", que significa "preservar o discernimento". O que a moderação preserva é a nossa convicção quanto ao nosso bem, pois o prazer e o sofrimento, na verdade, não destroem todas as convicções – por exemplo, eles não destroem a convicção no sentido de que o triângulo tem ou não tem seus ângulos iguais aos de dois ângulos retos, mas somente convicções acerca de atos a praticar. Efetivamente, os primeiros princípios das ações que praticamos estão na finalidade a que elas visam, mas as pessoas desgastadas pelo prazer ou pelo sofrimento fracassam inteiramente quando se trata de discernir qualquer destes primeiros princípios – de discernir que por causa destes ou por estes elas devem escolher e praticar todos os atos que elas escolhem e praticam –, pois a deficiência moral destrói os primeiros princípios.

O discernimento deve ser então uma qualidade racional que leva à verdade no tocante às ações relacionadas com os bens humanos. Mas além disto, embora haja uma excelência em matéria de arte, não há tal excelência em matéria de discernimento; na arte, é preferível a pessoa que erra conscientemente, mas em matéria de discernimento, à semelhança do que acontece com as várias formas de excelência, ocorre o contrário. É claro, então, que o discernimento é uma forma de excelência, e não uma arte. Havendo, portanto, duas partes da alma dotadas de razão, o discernimento deve ser uma forma de excelência de uma das duas, ou seja, da parte que forma opiniões, pois a opinião se relaciona com o que é variável, da mesma forma que o discernimento. O discernimento, entretanto, não é apenas uma qualidade racional, e isto é evidenciado pelo fato de se poder deixar de usar uma faculdade puramente racional, mas não o discernimento.

13. Devemos então examinar mais uma vez a excelência moral, pois o que ocorre com ela tem estreita analogia com o que acontece com o discernimento em sua relação com o talento. O discernimento e o talento não são a mesma coisa, mas são coisas semelhantes, e a excelência natural se relaciona de maneira idêntica com a excelência em sentido estrito. Realmente, todos pensamos que cada tipo de caráter de certo modo condiz naturalmente com quem o possui, pois desde o momento exato do nascimento nós seríamos justos, ou dotados de autodomínio, ou corajosos, ou teríamos outras qualidades morais. Não obstante, esperamos descobrir que o verdadeiro bem é algo diferente, e que as várias formas de excelência moral no sentido estrito condizem conosco de outra maneira. De fato, até as crianças e os animais selvagens possuem as disposições naturais, mas sem a razão elas podem evidentemente ser nocivas. De qualquer modo, parece bastante óbvio que uma pessoa pode ser induzida em erro pelas disposições naturais, da mesma forma que um corpo pesado destituído de visão pode chocar-se violentamente com obstáculos por lhe faltar a visão; acontece o mesmo na esfera moral, mas se uma pessoa de boa disposição natural dispõe de inteligência passa a ter excelência em termos de conduta, e a disposição que antes tinha apenas a aparência de excelência moral passa a ser excelência moral no sentido estrito. Portanto, da mesma forma que na parte de nossa alma que forma opiniões há dois tipos de qualidades, que são o talento e o discernimento, na parte moral também há dois tipos, que são a excelência moral natural e a excelência moral em sentido estrito, e esta última pressupõe discernimento. É por isso que algumas pessoas dizem que todas as formas de excelência moral são formas de discernimento, razão pela qual Sócrates sob certos aspectos estava certo e sob outros aspectos estava errado; com efeito, pensando que todas as formas de excelência moral são formas de

Aristóteles

discernimento ele estava errado, mas dizendo que a excelência moral pressupõe discernimento ele estava certo. Uma prova desta asserção é que ainda hoje todas as pessoas que definem a excelência moral, depois de mencionar a disposição moral e seus objetivos, acrescentam que se trata de uma disposição consentânea com a reta razão; e a reta razão é a razão consentânea com o discernimento. Todas as pessoas, então, parecem de certo modo adivinhar que a excelência moral é uma disposição desta natureza, ou seja, a disposição consentânea com o discernimento. Mas devemos ir um pouco além, pois a excelência moral não é apenas a disposição consentânea com a reta razão; ela é a disposição em que está presente a reta razão, e o discernimento é a reta razão relativa à conduta. Sócrates pensava, portanto, que as várias formas de excelência moral são manifestações da razão, pois dizia que todas elas eram formas de conhecimento científico, enquanto nós pensamos que elas pressupõem a manifestação da razão.

É claro, então, diante do que foi dito, que sem o discernimento não é possível ser bom no sentido próprio da palavra, nem é possível ter discernimento sem a excelência moral. Desta maneira podemos também refutar o argumento dialético segundo o qual se poderia sustentar que as várias formas de excelência moral existem separadamente umas das outras; poder-se-ia dizer que a mesma pessoa não é dotada da melhor maneira pela natureza para a prática de todas as formas de excelência moral, de tal modo que ela já teria adquirido uma enquanto ainda não tinha adquirido outra. Esta afirmação é possível a respeito das formas naturais de excelência moral, mas não a respeito daquelas em relação às quais uma pessoa é qualificada de boa em sentido irrestrito, pois justamente com uma qualidade – o discernimento – a pessoa terá todas as formas de excelência moral. E é óbvio que, ainda que o discernimento não tivesse qualquer valor prático, teríamos necessidade dele porque ele é a forma de excelência moral da parte de nosso intelecto à qual ele convém*; é óbvio também que a escolha não será acertada sem o discernimento, da mesma forma que não o será sem a excelência moral, pois o discernimento determina o objetivo e a excelência moral nos faz praticar as ações que levam ao objetivo determinado.

Mas apesar disto o discernimento não tem o primado sobre a sabedoria filosófica, isto é, sobre a parte mais elevada de nosso intelecto, da mesma forma que a arte da medicina não usa a saúde, mas se esforça para que ela exista; ela emite ordens, então, no interesse da saúde, mas não dá ordens à saúde.

---

* Ou seja, é óbvio que, ainda que o discernimento não tivesse qualquer valor prático, mesmo assim teríamos necessidade dele porque ele é a forma de excelência moral correspondente a essa parte de nosso intelecto. (N.T.)

Mais ainda: sustentar o primado do discernimento equivaleria a dizer que a ciência política comanda até os deuses, porque ela emite ordens acerca de todos os assuntos da cidade. **""**

ÉTICA A NICÔMACO
A felicidade

No Livro I, como vimos anteriormente, a felicidade, ou bem-estar, é apresentada como aquilo que todos buscam e também como objetivo da ética, e, em última análise, como um fim em si mesmo. No último livro da *Ética a Nicômaco*, portanto na conclusão da obra, Aristóteles retoma o conceito de felicidade e esclarece que ela não deve ser confundida com os prazeres, mas sim, em seu sentido mais elevado, deve ser entendida como a contemplação das verdades eternas, a atividade característica do sábio ou do filósofo.

""8. Mas as considerações seguintes evidenciarão que a felicidade perfeita é uma atividade contemplativa. Os deuses, como os concebemos, são sumamente bem-aventurados e felizes; mas que espécie de atividade devemos atribuir-lhes? Ações justas? Não seria ridículo imaginar que os deuses fazem contratos, restituem coisas recebidas em depósito, e assim por diante? Praticariam eles atos semelhantes aos dos homens corajosos, enfrentando perigos e correndo riscos porque agir assim é nobilitante? Ou praticariam eles atos de liberalidade? Seria absurdo supor que eles tivessem dinheiro ou algo do mesmo gênero. E que significariam atos moderados no caso deles? Não estaríamos diante de um elogio de mau gosto, já que eles não têm maus desejos? Se percorrermos todo o rol das formas de excelência moral, as circunstâncias das ações parecerão triviais e são indignas de deuses. Ainda assim, todos supomos que eles vivem e, portanto, que eles estão em atividade. Não podemos imaginar que eles durmam como Endímion. Se privarmos um ser humano da ação, e mais ainda de produzir alguma coisa, que lhe deixaremos senão a contemplação? Portanto, a atividade dos deuses, que supera todas as outras em bem-aventurança, deve ser contemplativa; consequentemente, entre as atividades humanas a que tiver mais afinidades com a atividade de Deus será a que proporciona a maior felicidade. Uma confirmação adicional desta ilação é que outros animais não participam da felicidade, porque são completamente destituídos desta atividade. De fato, toda a existência dos deuses é bem-aventurada, e a atividade dos seres humanos também o é enquanto apresenta alguma semelhança com a atividade divina, mas nenhum dos outros animais participa da felicidade, porque eles não participam de forma alguma da atividade contemplativa. Então a felicidade chega apenas até onde há contemplação, e as pessoas mais capazes de exercerem a atividade contemplativa fruem mais intensamente a felicidade, não como um acessório da contemplação, mas como algo inerente a ela, pois a contemplação é preciosa por si mesma. A felicidade, portanto, deve ser alguma forma de contemplação.

Mas, sendo criaturas humanas, necessitamos também de bem-estar exterior, pois nossa natureza não é suficiente por si mesma para o exercício da atividade contemplativa. Nosso corpo deve ser também saudável e deve receber boa alimentação e outros cuidados. Nem por isto, porém, devemos pensar que as pessoas necessitam de muitas e grandes coisas para ser felizes, simplesmente porque não podem ser sumamente felizes sem bens exteriores; com efeito, a autossuficiência e a ação não pressupõem excessos, e podemos praticar ações nobilitantes sem dominar a terra e o mar, porquanto mesmo com recursos moderados é possível agir de conformidade com a excelência (isto é bastante evidente, pois se pensa que os simples cidadãos praticam atos meritórios não menos que os detentores do poder – na verdade os praticam ainda mais); basta dispormos de recursos moderados, pois a vida das pessoas que agem de conformidade com a excelência será feliz. Sólon, também, estava descrevendo fielmente o homem feliz quando o apresentou como moderadamente aquinhoado de bens exteriores, mas como alguém que praticava os atos mais nobilitantes e vivia moderadamente; na verdade, com posses apenas moderadas podemos fazer o que devemos. Anaxágoras também parece haver suposto que o homem feliz não tem de ser rico nem poderoso, pois ele disse que o homem feliz pareceria à maioria das pessoas uma criatura surpreendente, já que as pessoas em sua maioria julgam as outras pelas exterioridades, pois estas são tudo que elas podem perceber. A opinião dos sábios parece então harmonizar-se com os nossos argumentos. Mas apesar de tais afirmações serem de certo modo convincentes, a verdade em assuntos de ordem prática é percebida através dos fatos da vida, pois estes são a prova decisiva. Devemos então examinar o que já dissemos, submetendo nossas conclusões à prova dos fatos da vida; se elas se harmonizarem com os fatos devemos aceitá-las, mas se colidirem com eles devemos imaginar que elas são meras teorias.

As pessoas que usam sua própria razão e a cultivam parecem ter o espírito nas melhores condições e ser mais queridas pelos deuses. De fato, se os deuses se interessam de algum modo pelos assuntos humanos, como geralmente se crê, é razoável imaginar que aquilo que é melhor e tem maiores afinidades com eles (isto é, a razão) lhes dê prazer, e que eles recompensem as pessoas que amam e honram a razão acima de tudo, porque tais pessoas cuidam do que é caro aos deuses e agem retamente de maneira nobilitante. Agora é claro que todos estes atributos pertencem às pessoas sábias mais que a quaisquer outras. Elas, portanto, são as mais caras aos deuses, e quem estiver nestas condições será provavelmente mais feliz. Sendo assim então, o sábio é o homem mais feliz.

9. Se estes assuntos e a excelência moral e intelectual, bem como a amizade e o prazer, foram suficientemente examinados em suas linhas gerais, podemos supor que nossa investigação atingiu o seu objetivo? Ou, talvez, como tivemos oportunidade de dizer, nas ciências práticas o objetivo não é chegar a um conhecimento teórico dos vários assuntos e sim pôr em prática as nossas teorias? Se for assim, saber o que é a excelência moral e a intelectual não é o bastante; devemos nos esforçar para possuí-las e praticá-las, ou experimentar qualquer outro meio existente para nos tornarmos bons.

Se palavras bastassem para que nos tornássemos bons, elas teriam com justiça obtido grandes recompensas, como diz Têognis, e deveríamos ter as palavras sempre à disposição; mas sendo as coisas como são, apesar de as palavras parecerem ter o poder de encorajar e estimular os jovens de espírito generoso, e, diante de uma nobreza inata de caráter e de um amor autêntico ao que é nobilitante, ser capazes de torná-los susceptíveis à excelência moral, elas são impotentes para incitar a maioria das pessoas à prática da excelência moral. Com efeito, a maior parte das pessoas não obedece naturalmente ao sentimento de honra, mas somente ao de temor, e não se abstém da prática de más ações por causa da baixeza destas, mas por temer a punição; vivendo segundo os ditames das emoções, busca seus próprios prazeres e os meios para chegar a eles, e evita os sofrimentos contrários, não tem sequer noção do que é nobilitante e verdadeiramente agradável, já que nunca experimentou tais coisas. Que palavras regenerariam esse tipo de pessoa? É difícil, senão impossível, remover, mediante palavras, hábitos há longo tempo incorporados ao caráter dos homens. Talvez devamos nos considerar felizes se conseguirmos dar-lhes uma aparência de excelência moral quando dispomos de todos os meios para influenciar as pessoas no sentido de torná-las boas.

Alguns estudiosos acreditam que a natureza nos fez bons, outros que nos tornamos bons pelo hábito, outros pela instrução. Os dotes naturais evidentemente não dependem de nós. Mas em decorrência de alguma causa divina estão presentes nas pessoas verdadeiramente favorecidas pela sorte; quanto às palavras e à instrução, receamos que não sejam eficazes em relação a todas as pessoas, mas que a alma de quem aprende deve primeiro ser cultivada por hábitos que induzam quem aprende a gostar e a desgostar acertadamente, à semelhança da terra que deve nutrir a semente. Realmente, as pessoas que vivem ao sabor de suas próprias emoções não ouvem as palavras que podem persuadi-las, e se as ouvem não as entendem; e como podemos persuadir as pessoas em tal estado a mudar de caminho? E de modo geral as emoções parecem ceder não à palavra, mas à força. O caráter, portanto, deve de alguma maneira estar previamente provido de alguma afinidade com a excelência moral, amando o que é nobilitante e detestando o que é aviltante. **"**

QUESTÕES E TEMAS PARA DISCUSSÃO

1. Compare o tratamento, de forma geral, das questões éticas em Aristóteles e em Platão.
2. Como se pode entender, segundo Aristóteles, a felicidade como um conceito ético?
3. Para Aristóteles, a virtude, ou excelência moral, resulta do hábito, de sua prática. Contraste essa visão com a de Platão no *Mênon*, examinada no capítulo anterior.
4. Em que sentido o "meio-termo" se caracteriza como um critério da conduta ética?
5. Como Aristóteles caracteriza o discernimento (*phronesis*) como uma faculdade que torna possível a ação ou conduta ética?
6. O que Aristóteles acrescenta no Livro X à discussão sobre o conceito de felicidade encontrada no Livro I?

LEITURAS SUGERIDAS

Anne Cauquelin, *Aristóteles,* Rio de Janeiro, Zahar, 1995.

André Cresson, *Aristóteles,* Lisboa, Edições 70, 1981.

John Morrall, *Aristóteles,* Brasília, UnB, 1985.

Jonathan Barnes, *Aristóteles,* São Paulo, Loyola, 2001.

Kenneth McLeish, *Aristóteles,* São Paulo, Unesp, 1999.

Marie-Dominique Philippe, *Introdução à filosofia de Aristóteles,* São Paulo, Paulus, 2002.

Robert Milch, *Aristóteles: Ética Nicomaquéia.* Apontamentos Europa-América, Sintra, Europa-América, 1991.

SANTO AGOSTINHO

Santo Agostinho (354-430) representa na tradição ocidental a primeira grande síntese entre a filosofia grega, em especial o platonismo, e o cristianismo. Marcou profundamente o desenvolvimento da filosofia na Idade Média e influenciou também o pensamento filosófico do início da modernidade (séc. XVII).

A ética de santo Agostinho resulta de uma releitura das principais teorias éticas de origem grega e romana, destacando-se o estoicismo do filósofo romano Sêneca (4 a.C.-65 d.C.), cujo diálogo *De vita beata* (Sobre a vida feliz) influenciou seu texto *De beata vita* (*Sobre a vida feliz*), e o *Hortensius*, de Cícero (106-43 a.C.), sobre a finalidade da filosofia, que, segundo o testemunho do próprio Agostinho, marcou seu interesse pela filosofia. Mas é o platonismo, sobretudo, discutido à luz da doutrina cristã, que constitui o pano de fundo filosófico do seu pensamento.

As principais questões éticas que santo Agostinho discute são, portanto, herdadas da tradição grega e tratadas com base nos ensinamentos do cristianismo. O problema da natureza humana e do caráter inato da virtude, a origem do Mal, o conceito de felicidade, a liberdade e a possibilidade de agir de forma ética. A doutrina cristã fornece as chaves para a solução dessas questões: a origem da virtude na natureza humana criada por Deus, a queda e o pecado original como explicações das falhas humanas, a graça divina como possibilidade de redenção e alcance da felicidade na vida eterna, e o livre-arbítrio ou liberdade individual concedido ao ser humano por Deus, que torna os indivíduos responsáveis por seus atos.

Dentre as questões centrais da ética agostiniana, que marcam as principais doutrinas éticas na tradição cristã até hoje, selecionamos duas. A primeira é o problema da origem do Mal, de grande importância para a época de Agostinho. Se o Deus criador é o Ser Perfeito e possui entre os seus atributos a Suprema Bondade, identificada de certa maneira com a Forma do Bem platônica (ver

Santo Agostinho

p.31-2 deste livro), como é possível a existência do Mal? Teria o Deus sumamente bom criado o Mal? A doutrina maniqueísta*, muito forte naquele período, defendia a existência de dois princípios equivalentes, o Bem e o Mal, em luta permanente, com uma tendência de identificação de ambos com Deus e o Demônio, respectivamente. Santo Agostinho, inspirado em Platão, defende que só o Bem existe, sendo o Mal apenas a ausência, ou privação, do Bem. Deus, o Ser Perfeito, é sumamente Bom, mas os seres criados, inferiores na ordem do Ser, são imperfeitos e finitos, perecíveis. Daí se origina o Mal como falha, imperfeição. Esta é a solução ontológica, e também teológica, para o problema da existência ou da realidade do Mal.

A segunda grande questão está relacionada à primeira e diz respeito à liberdade humana. Se a natureza humana é marcada pelo pecado original, a imperfeição originada na fraqueza de Adão, e faz com que o ser humano esteja sujeito à tentação e aja contrariamente à lei moral, então haveria um determinismo que tornaria inevitável o pecado e, por conseguinte, a ação antiética. Paradoxalmente, os indivíduos não seriam, em última análise, responsáveis por seus atos, já que são levados ao pecado pela própria falha de sua natureza. Neste sentido, não teriam o domínio de suas ações, pois suas atitudes seriam determinadas por esta falha. O ser humano é, assim, compelido a agir contrariamente à ética. Se sua ação é determinada e ele é compelido, então não tem escolha ou liberdade e, portanto, não estaria verdadeiramente pecando. O livre-arbítrio, ou liberdade individual, é, segundo santo Agostinho, a característica do ser humano que o torna responsável por suas escolhas e decisões. Por isso, pode-se agir de forma ética ou não. O pecado, ou o mal moral, resulta assim de uma escolha. A possibilidade de escolher nos é dada por Deus para que cada um seja responsável por seus atos, sejam eles errados ou corretos.

O LIVRE-ARBÍTRIO
A origem do livre-arbítrio

O diálogo sobre o livre-arbítrio (*De libero arbitrio*) foi escrito por santo Agostinho entre 388, logo após sua conversão, e 395, após retornar a Tagaste, sua cidade natal, no norte da África. A temática central é o problema do mal moral e da liberdade de escolha, o livre-arbítrio. Santo Agostinho rejeita o determinismo e defende a liberdade humana, resultado da vontade livre. O pecado resultaria então da submissão da razão às paixões (Livro I, Cap. 3).

---

* Seita fundada por Mani (210-76), originário da região da Mesopotâmia, inspirada no zoroastrismo persa e em outras religiões orientais, tendo influenciado o cristianismo em seus primeiros séculos. Prega a existência de dois princípios independentes e radicalmente distintos: a Luz, ou Bem, e as Trevas, ou Mal, em eterna luta no mundo. Santo Agostinho refuta os maniqueístas em várias obras, principalmente em *Contra Faustum*, dirigida a Fausto, principal representante da seita na época.

> Essa obra teve grande influência no desenvolvimento da filosofia cristã e da teologia moral. No início da Reforma houve, inclusive, uma controvérsia entre Erasmo de Roterdam, que publicou em 1524 um texto intitulado *De libero arbitrio*, tal como o de santo Agostinho, e Martinho Lutero, que respondeu com *De servo arbitrio*, de 1525.
>
> Nas passagens que se seguem, respectivamente os Capítulos 1 e 20 do Livro II desse diálogo, santo Agostinho discute com seu amigo Evódio por que Deus nos teria dado a liberdade de pecar.

EVÓDIO: Explica-me, se possível, por que Deus concedeu ao homem o livre-arbítrio, uma vez que com certeza o homem não poderia pecar se não o tivesse recebido.

AGOSTINHO: Então já tens certeza que Deus concedeu ao homem esta dádiva, que segundo tua suposição não lhe deveria ter sido dada.

EVÓDIO: É o que compreendi do livro anterior. Possuímos o livre-arbítrio e por isso pecamos.

AGOSTINHO: Lembro-me também de termos chegado a essa conclusão. Mas agora pergunto o seguinte: como sabes que foi Deus que nos concedeu essa dádiva que certamente possuímos e por meio da qual pecamos?

EVÓDIO: Creio que só pode ter sido, pois Ele nos criou e é Dele que recebemos a punição ou a recompensa que merecemos quando pecamos ou agimos bem.

AGOSTINHO: Mas o que quero saber é se compreendes com clareza esse último ponto, ou se aceitas o que é dito devido à autoridade de quem o afirma, mesmo sem compreenderes bem.

ÉVODIO: Na verdade devo admitir que de início aceitei-o devido à autoridade. Mas nada poderia ser mais verdadeiro do que as afirmações de que tudo o que é bom provém de Deus e de que tudo o que é justo é bom. Ora, nada é mais justo do que os pecadores serem punidos e os que agem bem serem recompensados. Daí concluo que é Deus que dá o infortúnio aos pecadores e a felicidade àqueles que são corretos.

AGOSTINHO: Nada tenho contra isso. Mas apresento-te um outro ponto: como sabes que nossa existência provém de Deus? Não é isso que acabas de dizer, mas sim que Deus nos dá o que merecemos, seja a punição ou a recompensa.

EVÓDIO: Isso me parece evidente, pois Deus certamente pune os pecadores, já que toda justiça procede Dele. Ora, do mesmo modo que é característica da bondade fazer o bem a pessoas estranhas, não seria característico da justiça punir a quem não merecesse. É assim evidente que estamos incluídos em Seu seio, não só porque Ele nos deu Seus dons, mas porque nos pune de maneira justa. Além disso, conforme afirmei antes e tu concordaste, todo bem provém de Deus, o que nos faz entender que também o homem provém de Deus. O próprio ser humano , na medida em que é homem, é bom, uma vez que tem a possibilidade, se quiser, de agir corretamente.

Agostinho: Se realmente é assim, a questão que propões está resolvida. Se é verdade que o homem em si é bom mas não poderia agir bem exceto por querer, seria preciso que tivesse vontade livre para que pudesse agir desse modo. De fato, não é porque o homem pode usar a vontade livre para pecar que se deve supor que Deus a concedeu para isso. Há, portanto, uma razão pela qual Deus deu ao homem esta característica, pois sem ela não poderia viver e agir corretamente. Pode-se compreender, então, que ela foi concedida ao homem para esse fim, considerando-se que se um homem a usar para pecar recairão sobre ele as punições divinas. Ora, isso seria injusto se a vontade livre tivesse sido dada ao homem não apenas para agir corretamente, mas também para pecar. Na verdade, por que deveria ser punido aquele que usasse da sua vontade para o fim para o qual ela lhe foi dada?

Quando Deus pune o pecador, não te parece que lhe diz o seguinte: "Estou te punindo porque não usaste de teu livre-arbítrio para fazer aquilo para o que eu o concedi a ti"? Ou seja, para agires corretamente. Entretanto, se o homem não fosse dotado de livre-arbítrio, não poderia existir esse bem que consiste na realização da justiça através da condenação dos pecados e da premiação da ação correta. A conduta de um homem não poderia ser caracterizada nem como correta nem como um pecado, não fosse pelo livre-arbítrio. Da mesma maneira, tanto a punição quanto a recompensa seriam injustas se o homem não tivesse o livre-arbítrio. É preciso que a justiça esteja presente na punição e também na recompensa, porque este é um bem que vem de Deus. Concluo, portanto, que era necessário Deus conceder ao homem o livre-arbítrio. **„„**

O LIVRE-ARBÍTRIO
O livre-arbítrio e o problema do Mal

Perguntando se o livre-arbítrio vem de Deus, conclui que sim, sendo que quando se age mal é porque se fez a escolha errada. Santo Agostinho procura assim dar conta da relação entre a natureza humana criada por Deus, a vontade livre que Deus deu ao homem e a possibilidade de o homem escolher entre fazer o Bem e o Mal. Sem a vontade livre o ser humano não seria responsável por seus atos.

AGOSTINHO: Tu poderias me perguntar então: se a vontade afasta-se do Bem imutável em direção a um Bem mutável, de onde provém esse impulso de mudar? É claro que essa mudança é má, mesmo que o livre-arbítrio, sem o qual não se pode viver, deva ser incluído entre aquilo que é bom. Essa mudança que nos afasta de Deus, nosso Senhor, consiste sem dúvida no pecado. Mas podemos por isso considerar Deus o autor do pecado? Certamente não! Sendo assim, essa mudança não se originaria de Deus. Mas qual a origem dela? Talvez eu o entristeça ao dizer que não sei, mas afirmo a verdade, já que não se pode saber o que não é. Deves contentar-te por ora em conservar a tua fé inabalável de modo a não aceitares, seja pelos sentidos, pela inteligência ou pelo pensamento em geral, que haja algum Bem que não provenha de Deus.

De fato, não pode haver nenhuma realidade que não proceda de Deus, e em todas as coisas que perceberes haver medida, número, ordem, podes atribuí-las sem hesitação a Ele. E se retirares de algo esses três elementos, nada restará. Mesmo que ainda houvesse um princípio de perfeição, sem a medida, o número e a ordem, que são encontrados sempre que há a perfeição total, deveria ser eliminado até mesmo esse princípio de perfeição, ainda que parecesse ser uma matéria a ser trabalhada e aperfeiçoada pelo artífice. Se a perfeição totalmente realizada é um bem, o seu começo já é também de certa forma um bem. Portanto, a consequência da eliminação total do bem não consiste em algo próximo do nada, mas em um nada absoluto.

Todo bem vem de Deus, não há nada que possa ter outra origem. De onde, portanto, poderia vir aquele impulso de afastamento que reconhecemos ser a fonte do pecado? Sendo um defeito, e todo defeito originando-se do não-ser, poderíamos sem dúvida afirmar que não vem de Deus.

Contudo, se este defeito é voluntário, está sujeito à nossa vontade. Se tiveres receio dele, não o desejarás, e se não o quiseres, ele não existirá. A maior segurança consistiria em levarmos uma vida em que nada acontecesse senão o que desejássemos. Mas aquele que cai por responsabilidade própria, pode também voltar a erguer-se da mesma forma.

Isso acontece porque do céu Deus nos estende a Sua mão direita, que é Cristo. Devemos pegá-la com fé firme, esperando essa ajuda com toda a confiança e esperança, desejando-a com ardoroso amor.

Mas se crês que ainda falta algo a investigar de modo mais profundo acerca da origem do pecado, o que não creio ser mais necessário, poderemos retomar o debate em outro diálogo.

Evódio: Concordo que devemos deixar isso que ainda me preocupa para outro diálogo, mas não concordo que a questão já esteja, como crês, suficientemente clara. 🙶

CONFISSÕES
Deus é o autor do Mal?

Redigidas por volta do ano 400, as *Confissões* compõem uma obra de cunho autobiográfico em que santo Agostinho reflete sobre sua formação até a sua conversão ao cristianismo. Relata a sua experiência de vida, as angústias pessoais e intelectuais, e principalmente os dilemas morais que viveu. Sua adesão inicial ao maniqueísmo é examinada, e é nesse contexto que discute a questão da natureza do Mal, mostrando como só depois de se converter essa questão foi resolvida. O Mal, para ele, é falha, queda, desvio, corrupção, e não uma substância real como o Bem, como apregoavam os maniqueus.

A discussão sobre a criação reflete a influência de Platão, sobretudo do diálogo *Timeu*, acerca da criação do Cosmo, e do neoplatonismo de Plotino (205-70), com a sua doutrina do Ser Supremo e dos graus inferiores de seres que Dele emanam. No *Timeu*, o demiurgo cria o Cosmo organizando a matéria preexistente com base nas formas ou ideias.

No texto abaixo (Livro VII, Cap. 5), santo Agostinho expressa suas angústias e questionamentos sobre a origem do mal e sobre por que Deus teria consentido a existência do mal. Conclui que foi apenas sua fé inabalável que o permitiu entender o sentido da criação divina e perseverar em seu caminho.

No Capítulo 12 do mesmo livro*, que aborda o problema do Mal, santo Agostinho mostra que este deve ser entendido como privação, diminuição ou imperfeição, sendo que todas as coisas, enquanto existem e porque foram criadas, têm algo de bom.

🙶 Buscava, ainda que de forma errônea, a origem do Mal. E não percebia o mal que havia na própria busca. Eram obrigadas a passar pelo olhar

---

* Ver *Textos básicos de filosofia*, p. 62-3.

de meu espírito todas as criaturas e tudo que nelas pode ser visto. A terra, o mar, as estrelas, as árvores, os animais perecíveis e também tudo aquilo que não vemos, o firmamento, os anjos e os espíritos celestes ... .

Supunha assim a Vossa criação finita, plena de Vós que sois infinito. E dizia: "Eis aqui Deus e a criação divina. Deus é bom, admirável e incomparavelmente superior a tudo isso. Como Ele é bom, criou coisas boas. E é assim que Ele tudo envolve e preenche. Onde está então o Mal? Por onde e de que maneira conseguiu penetrar? Qual a sua origem e a sua semente? Será que nada disso existe? Desse modo, por que temer o que não existe? E se tememos em vão, então sem dúvida o próprio medo é o Mal que nos tortura e oprime inutilmente nosso coração. O Mal é por isso mais opressivo, exatamente por não existir e continuarmos, mesmo assim, temendo-o. Em conclusão, ou existe o Mal que tememos, ou então o próprio temor é o Mal.

"Qual a origem do Mal, se Deus, que é bom, é o criador de todas as coisas? Sendo Ele o Ser sumamente Bom, criou bens inferiores a Si, mas o Criador e as criaturas são afinal de contas todos bons. De onde se origina, portanto, o Mal? Ou será que tudo isso é devido ao fato de que Deus tudo criou com uma matéria em que já havia algo de mau e ao dar-lhe forma e organizá-la teria permanecido alguma coisa que não se transformou em Bem? Mas por que isso teria ocorrido? Não poderia Deus, por ser onipotente, ter convertido toda a matéria de modo a não permanecer nela nada de mal? E por que quis criar algo a partir da matéria e não preferiu reduzi-la, com sua onipotência, ao nada? Poderia por acaso a matéria existir contra a vontade divina? Se a matéria é eterna por que permaneceu tanto tempo no passado, por um período indefinido, e por que teria Ele querido transformá-la em algo tempos depois?

"Se de repente decidiu fazer algo, por que não reduziu a matéria ao nada, já que é onipotente, e permaneceu apenas Ele próprio, totalmente Bom, o sumo e infinito Bem? Se não era adequado que Aquele que é sumamente Bom nada criasse de bom, não poderia Ele ter aniquilado a matéria má, criando outra que fosse boa, a partir da qual então faria a sua criação? Não seria o Todo-Poderoso se não fosse capaz de criar algo de bom sem a ajuda daquela matéria que não teria se originado Dele mesmo?"

Pensava tudo isso em meu miserável íntimo, oprimido pelo terrível temor da morte e por sentir não ter encontrado ainda a Verdade. Contudo, a fé em Nosso Senhor Jesus Cristo, Vosso Filho e nosso Salvador, conforme professada pela Igreja, estava firmemente plantada em meu coração. Ainda que me sentisse indefinido e oscilante quanto ao que é estabelecido pela doutrina, o meu espírito não abandonava a fé, abraçava-a ainda mais. **"**

CONFISSÕES
Onde está o Mal?

> No Capítulo 16 das *Confissões* esta concepção é explicitada, e santo Agostinho então define o Mal não como substância, ou seja, algo real, mas como desvio ou corrupção.

Senti e não estranhei que o pão tão saboroso ao paladar saudável seja enjoativo ao paladar enfermo e que a luz agradável aos olhos que veem bem seja desagradável aos doentes. E a Vossa justiça é desagradável aos maus – o mesmo acontece com a víbora e os répteis, que foram criados bons e adequados à parte inferior da Criação, à qual os seres maus também pertencem –, sendo tão mais semelhantes quanto são diferentes de Vós. Do mesmo modo, os maus são tão mais semelhantes aos seres superiores quanto mais se tornam semelhantes a Vós. Indaguei sobre a maldade e não encontrei uma substância, mas sim a perversão da vontade afastada de Vós, o Ser Supremo, tendendo em direção às coisas inferiores, expelindo as suas entranhas e inchando-se toda.

QUESTÕES E TEMAS PARA DISCUSSÃO

1. Como santo Agostinho justifica que, sendo Deus sumamente bom, exista o Mal?
2. Qual a definição do Mal que encontramos nas *Confissões*?
3. Como se pode entender em santo Agostinho a diferença entre a natureza do Mal como oposição ao Bem e o pecado como mal moral?
4. Qual o sentido ético do conceito de livre-arbítrio?
5. Em que sentido se pode entender que Deus deu aos homens a liberdade de pecar?

LEITURAS SUGERIDAS

Garry Wills, *Santo Agostinho,* Rio de Janeiro, Objetiva, 1999.
Henri Marrou e A.M.L. Bonnardière, *Santo Agostinho e o agostinismo,* Rio de Janeiro, Agir, 1957.
Hylton M. Rocha, *Pelos caminhos de santo Agostinho,* São Paulo, Loyola, 1989.

SÃO TOMÁS DE AQUINO

A ética de são Tomás de Aquino (1224-74) toma como ponto de partida a ética aristotélica (ver p.37-49 deste livro), interpretando-a à luz da doutrina cristã, assim como santo Agostinho havia feito em relação ao platonismo quase 800 anos antes. Com efeito, são Tomás foi o principal responsável, em sua época, por mostrar que a filosofia de Aristóteles era compatível com o cristianismo. Abriu, assim, caminho para a legitimação da leitura de Aristóteles ao final do séc. XIII, leitura essa que, em suas várias vertentes, perdurou até o final do pensamento medieval, no séc. XV, e encontrou seguidores ainda durante o período moderno dentre os escolásticos, sobretudo em relação a questões éticas. A Contrarreforma elege são Tomás como representante da ortodoxia católica, de modo que sua obra terá grande importância para o pensamento moderno, embora muitas vezes identificada, ainda que erroneamente, com uma visão tradicionalista de filosofia e teologia.

A ética de são Tomás se contrapõe à visão então predominante, herdada de santo Agostinho e continuada por pensadores como são Bernardo de Clairvaux (1091-1153), para quem o homem é um ser imperfeito, marcado pelo pecado original. São Tomás parte da concepção aristotélica de virtude, considerando a natureza humana capaz de ser aperfeiçoada. A virtude para ele não é o mesmo, contudo, que para os filósofos gregos, que a relacionavam fortemente aos valores da cidade, tais como a amizade, a coragem e a lealdade. Especialmente importante para são Tomás é a introdução das virtudes teologais: a Fé, a Esperança e a Caridade (ou amor, no sentido de amar Deus ou o próximo)*. Por sua vez, o conceito aristotélico de felicidade (*eudaimonia*) será interpretado como beatitude, como culminando na visão beatífica de Deus tornada possível pela Revelação e pela Graça. Outra dife-

---

* Ver *Suma teológica*, II, "Tratado sobre a Fé, a Esperança e a Caridade".

São Tomás de Aquino 59

rença importante entre são Tomás e Aristóteles reside na noção de pecado original, que encontramos no filósofo cristão mas está ausente no grego. Pecado este que só pode ser superado pela Redenção. Apesar disso, é importante notar como são Tomás se refere frequentemente a Aristóteles e recorre a conceitos da filosofia aristotélica, como a distinção ato/potência, a importância da concepção de finalidade (*telos*) e o conceito de ente (*ens*).

Além da *Suma teológica*, sua obra mais importante, são Tomás escreveu também comentários sobre as obras de Aristóteles, destacando-se o corolário à *Ética a Nicômaco*, do qual retoma questões que desenvolve na *Suma*.

SUMA TEOLÓGICA
O mal se encontra nas coisas?

A *Suma teológica*, escrita entre 1266 e 1274, mesmo inacabada é a principal obra de são Tomás de Aquino. Contém, ao estilo das "sumas" da escolástica medieval, uma síntese, de caráter fortemente sistemático, das questões centrais de sua concepção de filosofia e de teologia. A *Suma* se articula por meio de respostas às principais questões das áreas tradicionais da filosofia – o Ser, o Conhecimento, a Verdade, as Virtudes – e da teologia – Deus, a Criação, a Graça Divina, os Sacramentos. Antecipa as objeções mais importantes a essas respostas e as refuta. É interessante notar que são Tomás recorre à autoridade da tradição tanto da Bíblia quanto dos filósofos antigos (notadamente Aristóteles) e cristãos – por exemplo, nos textos aqui examinados, o pseudo-Dionísio –, o que se evidencia pelas citações em que se apoia ao argumentar seja contra ou a favor de uma tese.

Na Parte I dessa obra, no tratado intitulado "Sobre o Deus Criador", são Tomás analisa a natureza do Mal, examinando por que o Deus sumamente bom pode ter criado o Mal e discutindo a tese agostiniana sobre o Mal como privação (ver p. 53-7 deste livro). São Tomás recusa a concepção segundo a qual o Mal é algo, uma entidade. Ele o entende como parte da natureza, no sentido da imperfeição ou da corrupção das coisas criadas, que podem ser perecíveis e imperfeitas.

❝❝Assim procedemos quanto ao segundo artigo: Parece que o mal não se encontra nas coisas.

Objeção 1. Com efeito, o que quer que se encontre nas coisas ou é um ente (*ens*) ou é a ausência de um ente, ou seja, um não-ente. Mas diz Dionísio* (*Tratado sobre os nomes divinos*, IV) que o mal está distante do que existe e mais ainda do que não existe. Portanto, o mal não se encontra nas coisas de nenhuma maneira.

Objeção 2. Além disso, o ente e a coisa são conversíveis. Logo, se o mal é um ente nas coisas, disso se segue que o mal também é uma coisa, contrariamente ao que dissemos antes (Artigo 1).

Objeção 3. Além disso, como diz o Filósofo**, "a cor branca que não possui mistura de negro é a mais branca" (*Tópicos*, III). Portanto, o que é bom sem ter o mal misturado em si é o melhor. Mas Deus, mais do que a natureza, faz o que é melhor. Logo, na criação divina não há nenhum mal.

Ao contrário, dessa maneira seriam suspensas as proibições e punições que existem apenas para os maus.

Respondo que, segundo o que foi dito acima, a perfeição do Universo requer que haja desigualdade entre as coisas de modo que todos os graus de bondade se realizem. Há um grau de bondade em que uma coisa é tão boa que não pode deixar de existir. Há outro em que a coisa é boa de modo que pode deixar de existir. E tais gradações se encontram também no ser. Há coisas, as incorruptíveis, que não podem perder o próprio ser, e há outras, as corruptíveis, que podem perdê-lo. A perfeição do Universo requer que haja coisas incorruptíveis assim como coisas corruptíveis, portanto, que haja coisas que possam deixar de ser boas, o que de fato por vezes ocorre. Assim, é evidente que o mal está presente nas coisas, bem como a corrupção, que é uma espécie de mal.

Resposta à primeira objeção. O mal está distante tanto do ser de modo absoluto quanto do não-ser de modo absoluto, porque não existe como hábito ou negação, mas como privação.

Resposta à segunda objeção. Como diz Aristóteles (*Metafísica*, V), o ente (*ens*) pode ser dito de dois modos. Em primeiro lugar, pode significar a entidade de algo, dividindo-se assim nos dez predicamentos, ou ser conversível na coisa. Neste sentido nenhuma privação é um ente, e, portanto, o mal também não o é. Em segundo lugar, "ente" significa a verdade de uma proposição composta e unida pela palavra "é", e que responde à pergunta "Isto existe?".*** É neste sentido que dizemos que a cegueira existe no olho, o que ocorre da mesma forma com qualquer outra privação. Sendo assim, o mal pode ser dito um ente. Por ignorar essa distinção e considerar que algumas coisas são ditas más, ou

---

* Trata-se do Pseudo-Dionísio Areopagita, autor grego cristão neoplatônico de nome desconhecido, provavelmente do séc.V, cuja obra foi atribuída a Dionísio Areopagita (séc.I), a quem são Paulo teria convertido em sua pregação no Areópago ateniense.

** Para são Tomás, "o Filósofo" é Aristóteles.

*** O verbo latino *essere* pode significar em português "ser", "estar" ou "existir". Pode ser usado portanto para definir algo, isto é, dar as suas características essenciais, mas também para dizer onde se encontra e que existe.

mesmo que se diz que há algo de mau nas coisas, alguns acabaram por afirmar que o mal era uma coisa.

Resposta à terceira objeção. Deus, a natureza ou qualquer outro agente, faz o que é melhor na totalidade e não considera cada parte, exceto enquanto ordenada na totalidade, como dissemos anteriormente (Questão 47, Artigo 2, Resposta 1). Ora, a totalidade, que é o universo das coisas criadas, é melhor e mais perfeita se tiver elementos que possam deixar de ser bons, e que de fato por vezes deixem de sê-lo, sem que Deus o impeça. Não é próprio da Providência destruir a natureza, mas sim salvá-la, e segundo Dionísio (*Tratado dos nomes divinos*, IV) faz parte da natureza que coisas que podem falhar algumas vezes falhem. Ou ainda, como afirma Agostinho (*Enchirydion*, II), Deus é tão poderoso que pode até fazer o bem a partir do mal. Assim sendo, muitos bens não existiriam se Deus não permitisse a existência de nenhum mal, pois o fogo não seria produzido se o ar não fosse corrompido, a vida do leão não seria preservada se o asno não fosse morto e não se elogiaria a justiça punitiva, nem a paciência do que sofre, se não existisse a iniquidade. **,,**

SUMA TEOLÓGICA
O homem possui o livre-arbítrio?

> No "Tratado sobre o homem", questão 83, são Tomás discute o livre-arbítrio (*libero arbitrio*) em termos da liberdade do ato voluntário, enquanto escolha racional. Para ele, o livre-arbítrio decorre da própria racionalidade humana e é um pressuposto da ética enquanto possibilidade de escolha daquilo que é bom em detrimento do que é mau.

"Assim procedemos quanto ao primeiro artigo: Parece que o homem não possui o livre-arbítrio.

Objeção 1. De fato, aquele que possui o livre-arbítrio faz o que quer. Ora, como diz são Paulo (*Epístola aos romanos*, 7, 19): "Não faço o bem, que quero, e faço o mal, que não quero." Portanto, o homem não possui o livre-arbítrio.

Objeção 2. Além disso, quem possui o livre-arbítrio pode querer ou não, agir ou não. Porém, isso não ocorre com o homem, pois segundo são Paulo (*Epístola aos romanos*, 7, 19) "isso não depende nem da vontade nem dos esforços do homem". Portanto, o homem não possui o livre-arbítrio.

Objeção 3. Além disso, de acordo com Aristóteles (*Metafísica*, I, 2), "o que é livre é causa de si mesmo". Por conseguinte, aquilo que é movido por outra coisa não é livre. Deus move a vontade, como afirmam os *Provérbios* (21, 1): "O coração do rei está nas mãos do Senhor, ele o dirige para tudo o que lhe compraz." E segundo a *Epístola aos filipenses* (2, 13), "é Deus que realiza em vós o querer e o fazer". Portanto, o homem não possui o livre-arbítrio.

Objeção 4. Além disso, todo aquele que possui o livre-arbítrio é senhor de seus atos, mas o homem não o é, pois está escrito em *Jeremias* (10, 23): "O homem não é dono de seu caminho, o viandante não determina os próprios passos." Assim sendo, o homem não possui o livre-arbítrio.

Objeção 5. Além disso, diz Aristóteles (*Ética a Nicômaco*, III): "A maneira como cada um vê os fins depende da maneira como cada um é." Ora, não está em nosso poder determinar como somos, isto pertence à natureza. É natural, então, nos orientarmos para um fim determinado, e, consequentemente, não o fazemos pelo livre-arbítrio.

Ao contrário, como diz o *Eclesiástico** (15, 14), "Deus criou o homem no começo e o entregou ao seu próprio arbítrio"; e a Glossa** acrescenta: "isto é, à liberdade de seu arbítrio".

Respondo dizendo: o homem possui o livre-arbítrio, caso contrário seriam vãos os conselhos, as exortações, as ordens, as proibições, as recompensas e as punições. Como evidência disso deve-se considerar que algumas coisas agem sem juízo. Por exemplo, a pedra que se move para baixo e todas as outras coisas que carecem de conhecimento. Outras agem com juízo, mas este não é livre, como no caso dos animais. Por exemplo, a ovelha quando vê o lobo julga que deve fugir, mas tal decisão não é livre, pois ela julga não por comparação, mas por instinto natural. Isso acontece com todos os juízos dos animais. Porém o homem age com juízo porque, devido a sua capacidade cognitiva, julga se deve fugir de alguma coisa ou procurá-la. Mas como seu juízo não resulta de uma aplicação do instinto natural a uma ação particular, e sim de uma comparação realizada pela razão, o homem age de acordo com seu livre juízo, podendo orientar-se para diferentes decisões. A razão pode, com efeito, em relação ao contingente, seguir direções opostas, como nos mostram os silogismos dialéticos e os argumentos retóricos. Como as ações particulares são contingentes, o juízo da razão sobre elas se aplica a diversas ações e não a uma única determinada. Portanto, é necessário que o homem possua o livre-arbítrio pelo simples fato de ser racional.

---

* Também conhecido como *Sirácida*, por ser obra de Joshua Ben Sira, c. séc. II a.C.
** Trata-se da Glossa, ou comentário, de Pedro Lombardo (1100-60) às Escrituras.

São Tomás de Aquino

Resposta à primeira objeção. Como já foi dito,* embora o apetite sensitivo obedeça à razão, pode em alguns casos ir contra ela, desejando algo contrário ao que ela determina. É neste sentido que o homem não faz o bem quando quer, ou seja, quando deseja contra a razão, segundo o comentário de santo Agostinho** a essa passagem.

Resposta à segunda objeção. O texto do Apóstolo (são Paulo) não deve ser entendido como afirmação de que o homem não poderia querer ou correr de acordo com a sua vontade livre, mas sim de que o livre-arbítrio é insuficiente se o homem não for movido e auxiliado por Deus.

Resposta à terceira objeção. O livre-arbítrio é causa de seu movimento, pois é através dele que o homem se move para agir. Contudo, não é necessário à liberdade que o que é livre seja a causa primeira de si mesmo, nem que para ser causa de algo, seja a sua causa primeira. Deus é a causa primeira, move as causas naturais e as voluntárias. Assim como quando move as causas naturais isso não impede que seus atos sejam naturais, ao mover as causas voluntárias tampouco impede que seus atos sejam voluntários. Ao contrário, Deus opera em cada um segundo a Sua própria natureza.

Resposta à quarta objeção. Ao se dizer que "não está no homem o seu caminho", isso diz respeito à execução daquilo que ele escolhe e que pode ser impedido, caso o homem queira. A escolha está em nós, mas pressupõe o auxílio de Deus.

Resposta à quinta objeção. Deve ser dito que há duas qualidades no homem, uma natural e outra proveniente do exterior. A qualidade natural consiste tanto na parte intelectiva quanto no corpo e nas potências que lhe dizem respeito. Devido ao fato de o homem ser o que é pela qualidade natural intelectiva, o homem deseja naturalmente o fim último, ou seja, a beatitude. Ora, tal desejo é natural e não depende do livre-arbítrio, como fica claro no que vimos anteriormente. Em relação ao corpo e suas potências, o homem, de certa forma, possui determinada compleição ou disposição por influência das causas corpóreas. Contudo, essas causas não podem influir na parte intelectiva por esta não ser parte de um corpo. E devido à maneira como cada um é, pelas características corpóreas, tais finalidades lhe parecem ser o fim, porque é com base em tal disposição que o homem se inclina a escolher ou rejeitar algo. Mas essas inclinações estão sujeitas ao juízo da razão, ao qual o apetite inferior obedece, como já dissemos antes***. Portanto, não prejudica o livre-arbítrio.

---

* Questão 81, Artigo 3, Resposta 2.
** *Sermones ad populum*, 154.
*** Questão 81, Artigo 3.

Quanto às qualidades oriundas do exterior, são como hábitos e paixões com base nas quais alguém se inclina mais para um lado que para outro. Porém, mesmo essas inclinações estão sujeitas ao juízo da razão. O mesmo acontece com essas qualidades que estão sujeitas à razão, uma vez que está em nosso poder adquiri-las, causando-as ou nos dispondo a elas, ou mesmo rejeitando-as. Portanto, não há nada nisso que seja contrário ao livre-arbítrio. **99**

SUMA TEOLÓGICA
Se a virtude humana é um hábito

> Na Parte II da *Suma teológica*, encontramos, na Seção I, o "Tratado dos hábitos e das virtudes", em que são Tomás oferece uma definição dos hábitos e, em especial, uma caracterização dos bons hábitos, isto é, das virtudes, seguindo a linha aristotélica de entender a virtude como um hábito (ver p. 40 deste livro).

66 Assim procedemos quanto ao primeiro artigo: parece que a virtude humana não é um hábito.

Objeção 1. A virtude é o último grau de potência, segundo Aristóteles (*Tratado do Céu*, I, 11). Mas o último grau de alguma coisa é redutível ao gênero disso de que é o último grau, como o ponto é redutível ao gênero da linha. Portanto, a virtude é redutível ao gênero da potência, e não ao do hábito.

Objeção 2. Além disso, diz Agostinho (*O livre-arbítrio*, II, 19): "A virtude é o bom uso do livre-arbítrio." Contudo, a utilização do livre-arbítrio é um ato e, por conseguinte, a virtude não é um hábito, mas um ato.

Objeção 3. Além disso, o nosso mérito não se deve a nossos hábitos, mas a nossas ações. Caso contrário, um homem teria mérito constantemente, mesmo enquanto dormisse. Mas temos mérito devido a nossas virtudes, portanto as virtudes não são hábitos, mas atos.

Objeção 4. Além disso, diz Agostinho (*De moribus ecclesiasticus*, XV) que a virtude é a ordem do amor e (*Questiones quodlibetales*, 83, 30) que a ordenação que é denominada virtude consiste em gozarmos o que devemos gozar e usarmos o que devemos usar. Ora, a ordem, ou ordenação, denomina tanto uma ação quanto uma relação. Desse modo, a virtude não é um hábito, mas uma ação ou uma relação.

São Tomás de Aquino 65

Objeção 5. Além disso, assim como há virtudes humanas, há as naturais. Só que estas não são hábitos, mas potências. Portanto o mesmo se aplica às virtudes humanas.

Ao contrário, o Filósofo (*Categorias,* 8) afirma que a ciência e a virtude são hábitos.

Respondo dizendo que a virtude denota certa perfeição de uma potência. A perfeição de algo é considerada principalmente em relação à sua finalidade, mas a finalidade de uma potência é o ato. Sendo assim, uma potência é considerada perfeita em relação à determinação do ato correspondente. Ora, há algumas potências que por si mesmas são determinadas em relação aos atos correspondentes, por exemplo as potências ativas naturais. E por isso as potências naturais são elas próprias denominadas "virtudes". Já as potências racionais, que são características humanas, não são determinadas em função de uma ação em particular, mas inclinam-se indiferentemente para muitas ações e são determinadas em relação a atos por meio de hábitos, como fica evidente pelo que dissemos antes*. Consequentemente, as virtudes humanas são hábitos.

Resposta à primeira objeção. Algumas vezes denominamos "virtude" aquilo a que a virtude se dirige, seja seu objeto ou o ato correspondente. Por exemplo, chamamos de "fé" aquilo em que acreditamos ou o ato de acreditar, bem como o hábito pelo qual acreditamos. Quando dizemos que a virtude é o mais elevado grau de uma potência, "virtude"** é entendida como "objeto da virtude", uma vez que o ponto máximo que uma potência pode atingir é considerado a sua virtude. Por exemplo: se alguém pode carregar cem quilos e não mais que isso, a sua virtude é definida como cem quilos e não sessenta. Mas a objeção considera que a virtude é essencialmente o grau mais elevado de uma potência.

Resposta à segunda objeção. O bom uso do livre-arbítrio é considerado uma virtude no mesmo sentido da resposta à primeira objeção acima, isto é, porque se trata daquilo a que a virtude é direcionada como sendo o seu ato correspondente. Pois o ato da virtude nada mais é do que o bom uso do livre-arbítrio.

Resposta à terceira objeção. Pode-se considerar que somos meritórios de duas maneiras. Em primeiro lugar, pelo próprio mérito, assim como dizemos que corremos porque conseguimos correr. Nós merecemos pelos atos. Em segundo lugar, devido ao princípio pelo qual merecemos. Assim como dizemos que corremos porque temos a capacidade do movimento, podemos dizer que somos meritórios devido às virtudes e aos hábitos.

---

* Questão 49, Artigo 4.

** Como o exemplo deixa claro, a "virtude" é entendida aqui como qualidade, característica, potencial, um dos sentidos do termo latino *virtus*.

Resposta à quarta objeção. Quando dizemos que a virtude é a ordem ou a ordenação do amor, estamos nos referindo à finalidade à qual a virtude é ordenada, porque em nós o amor é posto em ordem pela virtude.

Resposta à quinta objeção. As potências naturais são por si mesmas determinadas em relação a um ato, mas não as potências racionais, e portanto, como dissemos, não há comparação entre ambas.

QUESTÕES E TEMAS PARA DISCUSSÃO

1. Em que sentido a ética de são Tomás de Aquino pode ser considerada racionalista?
2. Qual a realidade do Mal, segundo são Tomás de Aquino?
3. Compare a concepção do Mal de são Tomás de Aquino com a de santo Agostinho, examinada anteriormente (ver p.54-8 deste livro).
4. Como podemos entender, em são Tomás de Aquino, o livre-arbítrio como manifestação da razão humana?
5. A concepção de livre-arbítrio de são Tomás de Aquino é compatível com a de santo Agostinho?
6. Como são Tomás de Aquino relaciona a virtude e o livre-arbítrio?
7. Compare a posição de são Tomás de Aquino acerca da natureza da virtude com a de Aristóteles (ver p.41, 43-7 deste livro).

LEITURAS SUGERIDAS

Batista Mondin, *O humanismo filosófico de Tomás de Aquino*, Bauru, Edusc, 1998.

_____, *Grandeza e atualidade de são Tomás de Aquino*, Bauru, Edusc, 1998.

Henri Dominique Gradeil, *Iniciação à filosofia de são Tomás de Aquino*, São Paulo, Duas Cidades, 1947.

Martin Grabmann, *Introdução à "Suma teológica" de são Tomás de Aquino*, Petrópolis, Vozes, 1947.

DESCARTES

O filósofo francês René Descartes (1596-1650) é considerado um dos fundadores da filosofia moderna, sobretudo devido a sua defesa da ciência nova, inaugurada por Copérnico e desenvolvida por pensadores como Kepler e Galileu, e também a sua crítica à tradição filosófica, principalmente à escolástica medieval, e a ênfase que dá à subjetividade na filosofia que propõe.

O tema central da filosofia de Descartes é a fundamentação de um novo método científico que possa servir de base à ciência moderna. Sua obra é, portanto, quase toda dedicada a questões epistemológicas, ou seja, de teoria do conhecimento científico. Pouco escreveu sobre outras áreas do pensamento filosófico, como ética, estética ou filosofia política. De certa forma, para Descartes, a solução de todas as questões da filosofia e da ciência dependia da solução, em primeiro lugar, do problema do conhecimento e da fundamentação do novo método científico, para que então se pudesse desenvolver um novo e bem fundamentado sistema filosófico e científico.

Descartes não deixou, contudo, inteiramente de lado as questões sobre a ética e a natureza humana, inclusive, no que diz respeito à formulação de uma ciência do ser humano, sobre a qual versa seu *Tratado do homem* (publicado postumamente, em 1664, e que deveria fazer parte de seu *Tratado do mundo*) e à qual dedicou boa parte de *As paixões da alma* (1645-6). Na conclusão da "Sexta parte" do *Discurso do método* (1637) refere-se a seu interesse prioritário em dedicar-se à medicina e ao conhecimento da natureza humana.

Os textos selecionados a seguir contêm as linhas fundamentais da concepção cartesiana de ética.

DISCURSO DO MÉTODO
A moral provisória*

Na "Terceira parte" do *Discurso do método*, Descartes apresenta suas regras para a moral provisória, assim como anteriormente, na "Segunda parte" apresentara os princípios do método científico. Embora uma ciência da moral devesse se fundamentar em um conhecimento da natureza humana para definir as regras da ação correta, que permitisse distinguir o certo do errado, o bem do mal e possibilitasse realizar os verdadeiros fins da natureza humana, Descartes defendia que não podemos esperar até a fundamentação e o desenvolvimento dessa ciência para agir. Precisamos, então, de regras para uma "moral provisória" que possa nos servir até que a ciência da moral seja estabelecida de modo definitivo.

MEDITAÇÕES METAFÍSICAS
A distinção entre o certo e o errado

As *Meditações metafísicas*, publicadas em 1641 e dedicadas sobretudo a questões metafísicas como a existência de Deus, a imortalidade da alma e a relação desta com o corpo, são a principal obra de Descartes no que diz respeito à discussão dos problemas filosóficos de sua época. Nesse trabalho, busca mostrar que a nova filosofia que defende não é incompatível com a tradição. Na "Quarta meditação" Descartes discute o problema do erro, caracterizando-o como consequência não de nossas faculdades intelectuais, mas de um mau uso de nossa vontade, quando esta assente em algo com base em ideias que não são claras e distintas. É preciso portanto que a vontade se guie pela razão e não pelas paixões, garantindo assim a possibilidade de distinguir o certo do errado e o bem do mal.

      E o que me parece aqui bem notável é que, de todas as outras coisas que existem em mim, não há nenhuma tão perfeita e tão grande que eu não reconheça efetivamente que pudesse ser ainda maior e mais perfeita. Pois, por exemplo, se considero a faculdade de conceber que existe em mim,

---

* Ver Danilo Marcondes, *Textos básicos de filosofia*, Rio de Janeiro, Zahar, 5ª ed. 2007, p.83-6.

Descartes

constato que é de exígua extensão e imensamente limitada, e, ao mesmo tempo, represento-me a ideia de outra faculdade muito mais ampla e até mesmo infinita; e, apenas em virtude de poder me representar sua ideia, sei sem dificuldade que ela pertence à natureza de Deus. Da mesma forma, se examinar a memória, a imaginação ou qualquer outra faculdade que exista em mim, não encontro nenhuma que não seja ínfima e limitada, e que em Deus não seja imensa e infinita. Apenas a vontade ou a liberdade do livre-arbítrio que experimento em mim são grandes a ponto de eu não conceber nenhuma outra mais ampla e extensa: de maneira que é ela principalmente que me faz saber que carrego a imagem e a semelhança de Deus. Pois, ainda que ela seja incomparavelmente maior em Deus que em mim – seja pela razão do conhecimento e da potência que se acham junto a ela e que a tornam mais firme e eficaz, seja por causa do objeto, na medida em que ela se refere e se estende a mais coisas –, não parece todavia maior se eu a considerar formal e precisamente em si mesma. Pois ela consiste apenas em que podemos fazer uma mesma coisa ou não fazê-la, isto é, afirmar ou negar, perseguir ou fugir de uma mesma coisa; ou, antes, consiste apenas em que, para afirmar ou negar, perseguir ou fugir das coisas que o entendimento nos propõe, agimos de tal maneira que não percebemos nenhuma força exterior nos compelindo a isso. Pois, a fim de que eu seja livre, não é necessário que eu seja indiferente a escolher um ou outro dos dois contrários; mas antes, quanto mais me inclinar para um, seja porque tenho evidências de que o bem e a verdade ali se encontram, ou porque Deus assim dispõe o interior do meu pensamento, mais livremente faço a escolha e a abraço; e, decerto, a graça divina e o conhecimento natural, longe de diminuírem minha liberdade, aumentam-na e fortalecem-na; de maneira que essa indiferença que sinto quando não sou arrastado mais para um lado que para o outro pelo peso de uma razão é o mais baixo grau da liberdade, parecendo antes um defeito no conhecimento que uma perfeição na vontade: pois se eu conhecesse sempre claramente o que é verdadeiro e o que é bom, nunca teria dificuldade em deliberar o julgamento e a escolha que deveria fazer, e assim eu seria inteiramente livre sem jamais ser indiferente.

A partir de tudo isso, reconheço que nem a potência de querer, que recebi de Deus, é por si própria a causa dos meus erros, uma vez que é demasiado ampla e perfeita em seu gênero; e tampouco a potência de ouvir ou conceber; pois, nada concebendo senão por meio dessa capacidade que Deus me deu para conceber, não resta dúvida de que tudo que concebo, concebo como deve ser, e não é possível que me engane nisto. 🍃🍃

AS PAIXÕES DA ALMA
A vontade e as paixões da alma

Nessa obra, possivelmente a última de Descartes, publicada em 1649 e dedicada à princesa Elizabeth do Palatinado, o filósofo desenvolve inicialmente uma análise da fisiologia humana em uma perspectiva mecanicista, ou seja, examina o corpo como uma máquina e baseia a sua concepção moral nessa análise. Descartes fundamenta a sua ética no bom uso, isto é, na utilização racional, do livre-arbítrio e na generosidade, entendida como a decisão de usar corretamente a liberdade, que é a mais elevada das virtudes. Ele aponta para a importância de não se permitir que a vontade fique sujeita às paixões, o que a impediria de nos fazer agir de forma equilibrada. É necessário, assim, que nossas atitudes se baseiem no conhecimento da verdade para que possam ser justas. Mas isso não significa que as paixões devam ser rejeitadas. No Artigo 212, Descartes afirma: "Mas o principal uso da sabedoria está em nos ensinar a ser mestres de nossas paixões e a controlá-las com tal destreza que os males que elas possam causar sejam perfeitamente suportáveis e até mesmo tornem-se fonte de alegria."

Art. 48. Em que conhecemos a força ou a fraqueza das almas, e qual é o mal dos mais fracos.

Ora, é pelo sucesso desses combates que cada um pode conhecer a força ou a fraqueza de sua alma, pois aqueles em quem naturalmente a vontade pode vencer com mais facilidade as paixões e interromper os movimentos do corpo que as acompanham têm provavelmente as almas mais fortes; mas há outros que não conseguem experimentar a força de sua alma, uma vez que nunca combatem suas vontades com as próprias armas, mas apenas com as fornecidas por certas paixões com a finalidade de resistir a algumas outras. O que chamo de "próprias armas" são julgamentos firmes e determinados, referentes ao conhecimento do bem e do mal, segundo os quais ele resolveu conduzir as ações de sua vida; e as almas mais fracas de todas são as cuja vontade não se determina assim a seguir certos julgamentos e deixa-se levar constantemente pelas paixões presentes, as quais, não raro contrárias umas às outras, arrastam a vontade sucessivamente para o partido delas, e, usando-a para lutar contra si própria, colocam a alma no estado mais deplorável que possa haver. Assim, enquanto o medo representa a morte como um mal extremo e só pode ser evitado com a fuga, a ambição, por outro lado, significa a infâmia dessa fuga como um mal pior que a morte;

Descartes

essas duas paixões agitam diferentemente a vontade, a qual, ao obedecer ora a uma, ora a outra, opõe-se continuamente a si mesma, e assim torna a alma escrava e infeliz.

Art. 49. Que a força da alma não basta sem o conhecimento da verdade.

É verdade que há muito poucos homens tão fracos e irresolutos que queiram apenas aquilo que sua paixão lhes dita. A maioria tem julgamentos determinados, segundo os quais regulam uma parte de suas ações; todavia, embora frequentemente tais julgamentos sejam falsos, e mesmo fundamentados sobre algumas paixões pelas quais a vontade antes se deixara vencer ou seduzir, em virtude de ela continuar a segui-los quando a paixão que os causou está ausente podemos considerá-los como suas próprias armas e pensar que as almas são mais fortes ou fracas em consequência de poderem mais, ou menos, seguir esses julgamentos e resistir às paixões que lhes são contrárias. Entretanto, há grande diferença entre as representações que procedem de alguma falsa opinião e as baseadas apenas no conhecimento da verdade; ainda mais que, se seguirmos estas últimas, temos certeza de que nunca sentiremos remorso ou arrependimento, ao passo que sempre os sentimos quando acompanhamos as primeiras e descobrimos seu erro.

QUESTÕES E TEMAS PARA DISCUSSÃO

1. Qual o sentido para Descartes de uma "moral provisória"?
2. Como se pode entender o aspecto moral do erro para Descartes?
3. Qual a importância da vontade para a nossa ação de um ponto de vista ético?
4. Qual o papel das paixões na ação humana e como devem ser consideradas no aspecto ético?
5. Em que sentido a ética cartesiana pode ser entendida como racionalista?

LEITURAS SUGERIDAS

Antonio Damásio, *O erro de Descartes*, São Paulo, Companhia das Letras, 2000.
Geneviève Rodis-Lewis, *Descartes*, Rio de Janeiro, Record, 1996.
John Cottingham, *Dicionário Descartes*, Rio de Janeiro, Zahar, 1995.
_____, *Descartes*, São Paulo, Unesp, 1999.
Jordino Marques, *Descartes e sua concepção de homem*, São Paulo, Loyola, 1993.

SPINOZA

Benedito, ou Baruch, de Spinoza (1632-77), um dos filósofos mais originais de sua época, nasceu e viveu em Amsterdam, na Holanda, e pertencia a uma família judaica de origem portuguesa. *Ética, demonstrada à maneira dos geômetras*, escrito originariamente em latim, entre 1661 e 1673, e publicado apenas após sua morte, é um texto de grande originalidade. Não se trata de um simples tratado de ética, mas de uma obra de metafísica que parte da ontologia e desenvolve uma teoria sobre a natureza humana e o fim último do homem: a beatitude. Articula assim de forma integrada a metafísica, o conhecimento, a antropologia filosófica e a moral.

A *Ética* é escrita segundo o método geométrico (*more geometrico*). É inspirada, portanto, na geometria de Euclides, considerada na época um modelo de ciência e de pensamento rigoroso. Começa com definições e axiomas, formula proposições e demonstrações com base nesses axiomas, seguindo o método dedutivo, e examina as consequências dessas demonstrações em seus corolários e escólios.

Trata-se, portanto, de uma obra bastante sistemática, em que os conceitos definidos são empregados com rigor e em que as consequências dessas definições são extraídas através de um processo lógico. Cada parte desse sistema se integra às demais e é necessário compreendê-lo como um todo articulado.

Na primeira parte, ou Livro I, "Sobre Deus", Spinoza aborda as questões centrais da metafísica: Deus, a substância, seus modos e atributos. O Deus de Spinoza não é, contudo, o Deus criador e transcendente da tradição religiosa, mas um princípio metafísico que, em sua famosa expressão, coincide com a própria realidade: "*Deus sive natura*", isto é, Deus ou a natureza. Deus é assim a substância infinita e a causa primeira. Na segunda parte, ou Livro II, "Sobre a natureza e a origem da alma (*Mentis*)", Spinoza trata do problema do conhecimento, examinando a questão da relação entre a alma e o corpo

Spinoza

e a possibilidade de conhecermos a realidade através de nossas ideias. Na terceira parte, ou Livro III, "Sobre a natureza e a origem das afecções", temos a formulação dos primeiros princípios da ética de Spinoza na análise que faz da natureza humana. Na quarta parte, ou Livro IV, "Sobre a servidão humana, ou Sobre as forças das afecções", Spinoza extrai as consequências éticas de sua concepção da natureza humana, examina a questão da liberdade, do autocontrole e os conceitos de bem e mal em relação à natureza humana. Na quinta parte, ou Livro V, "Sobre as potências do intelecto, ou Sobre a liberdade humana", o filósofo defende uma ética racionalista e uma concepção de felicidade que consiste no "amor intelectual de Deus", entendido como o reconhecimento do lugar do indivíduo no Universo.

ÉTICA
Definições

Spinoza inicia o Livro IV com as definições de bem e de mal. O bem é caracterizado como aquilo que conhecemos como sendo útil, e o mal, o que impede o bem, o que reflete a importância que Spinoza atribui ao princípio da autopreservação (Livro III, Proposição VI).

Como para Spinoza as afecções são formas de pensamento (Livro III, Definição III), podem ser alteradas pela razão. Podemos igualmente analisá-las e descobrir quais as afecções que são boas e quais são más, no sentido das definições acima. As boas afecções são aquelas que contribuem para o desenvolvimento da natureza humana, que aumentam a potência do ser humano. Os homens podem assim regular suas ações através do entendimento das forças que os influenciam. O homem livre é aquele que busca o bem e evita o mal.

"" I. Por bem, entenderei o que sabemos com certeza ser-nos útil.

II. E por mal, o que sabemos com certeza impedir que detenhamos um bem.

III. As coisas singulares, denomino-as contingentes, na medida em que basta examinarmos sua essência para notar que não há nada que ponha necessariamente sua existência, ou que necessariamente a exclua.

IV. Essas mesmas coisas singulares, chamo-as possíveis, na medida em que, ao examinarmos as causas que devem produzi-las, não sabemos se são elas mesmas que as produzem.

V. Por afetos contrários, entenderei aqueles que arrastam o homem em sentidos diferentes, apesar de serem do mesmo gênero, como a gula e a avareza, que são tipos de amor. E não é por natureza, mas por acidente, que eles são contrários.

VI. O que entenderei por afeto a respeito de uma coisa futura, presente e passada, eu o expliquei nos Escólios 1 e 2, Proposição 18.

Mas também é o momento de observar que, assim como para uma distância de lugar, tampouco podemos imaginar distintamente uma distância de tempo além de certo limite; isso significa que, assim como imaginamos habitualmente todos os objetos que estão a mais de 200 pés de nós – ou seja, cuja distância em relação ao lugar onde estamos supera a que imaginamos – como se estivessem no mesmo plano, da mesma forma imaginamos todos os objetos cujo tempo de existir está distante do presente a um intervalo mais longo que o que imaginamos a igual distância do presente, e os relacionamos, por assim dizer, a um mesmo momento do tempo.

VII. Entendo o apetite como aquilo que visamos quando fazemos alguma coisa.

VIII. Entendo que virtude e potência são a mesma coisa, isto é (pela Prop. 7), a virtude, na medida em que diz respeito ao homem, é a essência mesma ou natureza dele, pois lhe confere o poder de produzir certos efeitos que podem ser compreendidos como as únicas leis de sua natureza.

Axioma

Não há coisa singular, na natureza das coisas, que não encontre outra mais poderosa e mais forte. Porém, dada uma coisa qualquer, há outra mais poderosa pela qual a primeira pode ser destruída.

ÉTICA
A virtude

> A virtude é definida por Spinoza como aquilo que contribui para o ser humano conservar o seu ser, ou seja, para a sua autopreservação. Neste sentido, a virtude consiste em agir conforme a natureza, isto é, de acordo com a razão.

Quanto mais alguém procura o que lhe é útil, isto é, conservar o seu ser, e tem poder para tal, mais é dotado de virtude; ocorre o contrário quando alguém desdenha o que lhe é útil, isto é, conservar seu ser, e nisto é impotente.

Demonstração

A virtude é a própria potência do homem, que se define exclusivamente pela essência dele (pela Defin. 8), isto é (pela Prop. 7), que se define exclusivamente pelo esforço que o homem faz para perseverar em seu ser. Logo, quanto mais alguém se empenha em conservar seu ser e tem poder para tal, mais é dotado de virtude. O contrário acontece (pelas Prop. 4 e 6), na medida em que alguém desdenha conservar seu ser, e por isso é impotente. CQD

Escólio

Ninguém, portanto, a menos que seja vencido por causas externas e contrárias à sua natureza, deixa de aspirar ao que lhe é útil, em outras palavras, conservar seu ser. Ninguém, afirmo, pela necessidade de sua natureza e sem ser compelido por causas externas, se negará a alimentar-se, ou se suicidará, o que pode ser feito de diversas maneiras. Alguém se mata porque um outro o obriga, torcendo-lhe a mão, que por acaso agarrara um gládio, e força-o a voltar esse gládio contra o coração; outra possibilidade é por ordem de um tirano, como Sêneca, que o obrigue a cortar as veias, desejando evitar um mal maior com outro menor; ou então, finalmente, é porque causas externas ocultas dispõem a imaginação de tal forma e afetam o corpo de maneira que este se reveste de outra natureza, contrária à primeira, e da qual não consegue fazer ideia no Espírito (pela Prop. 10). Mas que o homem, pela necessidade de sua natureza, busque não existir, ou mudar de forma, isso é tão impossível quanto criar algo a partir de nada, como todos podem concluir meditando um pouco.

QUESTÕES E TEMAS PARA DISCUSSÃO

1. Como Spinoza define o Bem e o distingue do Mal?
2. Qual o significado ético das afecções para Spinoza?
3. Qual a importância para Spinoza do princípio da autopreservação?
4. Como Spinoza entende a virtude?
5. Em que sentido a ética de Spinoza pode ser considerada racionalista?

LEITURAS SUGERIDAS

André Scala, *Espinosa,* São Paulo, Estação Liberdade, 2003.

Gilles Deleuze, *Espinosa,* São Paulo, Escuta, 2002.

Lia Levy, *O autômato espiritual: a subjetividade moderna segundo a Ética de Espinosa,* Porto Alegre, L&PM, 1998.

Marilena Chauí, *Espinosa: uma filosofia da liberdade,* São Paulo, Moderna, 1995.

_____, *A nervura do real,* São Paulo, Companhia das Letras, 2000.

Roger Scruton, *Espinosa,* São Paulo, Unesp, 2000.

HUME

David Hume nasceu em 1711 em Edimburgo, onde veio a falecer em 1776. Foi muito influente em sua época como filósofo e historiador, tendo sido autor de *História da Inglaterra*, publicação em seis volumes lançada em 1761 e de grande sucesso.

Hume destacou-se sobretudo por seu empirismo radical, que levava a uma posição filosófica cética. Seu questionamento da concepção metafísica de causalidade, sua crítica ao conceito racionalista de "eu" e sua discussão sobre a indução são os aspectos fundamentais de seu ataque a alguns dos principais baluartes da tradição filosófica. O ceticismo de Hume tem como consequência, contudo, a adoção de uma solução naturalista, segundo a qual é devido à natureza humana, seus impulsos e suas necessidades que se constituem nossas crenças básicas e nossa forma de agir. Sem isso, o ceticismo nos deixaria perplexos e paralisados; porém, como diz Hume, a natureza é suficientemente forte para impedir que isso aconteça.

O *Tratado sobre a natureza humana*, publicado em 1737, é considerado a obra mais importante de Hume. Com efeito, o próprio filósofo, em sua autobiografia (*My own life*, 1776), menciona sua decepção com a pouca receptividade que esta obra teve, o que o levou a escrever o *Abstract* (1740), em que retoma a questão da causalidade, e a *Carta a um cavalheiro* (1745), na qual procura refutar algumas objeções ao *Tratado*. Por sua vez, a *Investigação sobre o entendimento humano*, de 1748, consiste em grande parte em uma reformulação da primeira parte do *Tratado*.

TRATADO SOBRE A NATUREZA HUMANA
As distinções morais não são derivadas da razão

Hume estabelece as bases da ação humana nas paixões, ou seja, nos impulsos e sentimentos que nos motivam a agir. O caráter moral da ação depende, assim, de sua associação a determinados sentimentos humanos, como a simpatia, a benevolência e a compaixão. Uma vez que a razão se ocupa de relações entre ideias ou de questões empíricas, ela seria por si só insuficiente para explicar nossas ações e fundamentar o caráter moral das mesmas. Agimos porque somos motivados a desejar algo, e isso depende menos de nosso raciocínio do que de nossos sentimentos. Este é o sentido da afirmação de Hume de que "a razão é, ou deveria ser, apenas a escrava das paixões" (*Tratado*, II, III, 3). Pelo mesmo motivo, Hume afirma que "uma vez que o vício e a virtude não são descobertos apenas por meio da razão, deve ser graças a um sentimento que estabelecemos a diferença" (*Tratado*, III, I, 2).

No texto que se segue, intitulado "Distinções morais não são derivadas de razões", Hume discute exatamente essas questões. Examina a moral de um ponto de vista prático, analisa a distinção entre "vícios" e "virtudes" e contrasta o juízo moral com os juízos que podem ser falsos e verdadeiros.

Ao final dessa seção Hume desenvolve o famoso, influente e muito discutido* argumento segundo o qual não podemos derivar de juízos factuais, que descrevem algo, juízos de valor moral, que prescrevem algum tipo de ação, tendo, portanto, caráter semelhante a imperativos. Fundamenta-se para isso na análise realizada anteriormente nessa mesma seção sobre a diferença entre os juízos que podem ser falsos ou verdadeiros e os juízos morais que são valorativos e não se baseiam em fatos, dependendo dos motivos pelos quais agimos. Na terminologia humiana, que se tornou muito influente na tradição filosófica, não é legítimo derivar que devemos (*ought to*) agir de determinado modo porque algo é (*is*) de determinada maneira.

❝❝A moralidade é um tema que nos interessa mais que todos os outros – imaginamos que a paz da sociedade está em jogo em cada decisão a ela concernente; e é evidente que essa relação deve fazer nossas especulações parecerem mais reais e sólidas do que se o assunto nos fosse, em grande medida, indife-

---

* Veja-se por exemplo a coletânea organizada pr W.D. Hudson, *The Is/Ought Question*, Londres, Macmillan, 1969.

rente. O que nos afeta, concluímos, não pode nunca ser uma quimera; e como nossa paixão está envolvida de um lado ou de outro, pensamos naturalmente que a questão se situa nos limites da compreensão humana; enquanto em outros casos dessa natureza tendemos a alimentar alguma dúvida. Sem essa vantagem, nunca teria me aventurado num terceiro volume de uma filosofia tão abstrusa, numa época em que a maior parte dos homens parece estar de acordo em converter a leitura numa diversão e rejeitar tudo que requeira algum grau considerável de atenção para ser compreendido.

Foi observado que nada está jamais presente para a mente a não ser suas percepções; e que todas as ações de ver, ouvir, julgar, amar, odiar e pensar recaem sob essa denominação. A mente nunca exerce qualquer ação que não possamos incluir sob o termo *percepção*; consequentemente, esse termo não é menos aplicável aos juízos pelos quais distinguimos entre o bem e o mal moral que a todas as demais operações da mente. Aprovar um caráter e condenar outro não passam de duas percepções diferentes.

Ora, como as percepções se decompõem em dois tipos, *impressões* e *ideias*, esta distinção suscita uma questão, com a qual abriremos nossa presente investigação sobre a moral. *É por meio de nossas* ideias *ou* impressões *que distinguimos entre vício e virtude e declaramos uma ação condenável ou louvável?* A resposta a essa pergunta interromperá de imediato todos os discursos vagos e grandiloquentes e nos conduzirá a algo preciso e exato sobre o presente tema.

Os que afirmam que a virtude nada mais é que a conformidade com a razão; que há adequações e inadequações eternas das coisas e que estas são as mesmas para todo ser racional que as considera; que os critérios imutáveis de certo e errado impõem uma obrigação, não só às criaturas humanas, mas ao próprio Deus – todos esses sistemas concordam que a moralidade, como a verdade, é discernida meramente por ideias, e pela justaposição e comparação das mesmas. Portanto, para julgar esses sistemas precisamos apenas considerar se é possível, pela razão somente, distinguir entre o bem e o mal moral, ou se alguns outros princípios devem concorrer para nos permitir fazer essa distinção.

Se a moralidade não tivesse naturalmente influência alguma sobre as paixões e ações humanas, seria inútil fazer tantos esforços para inculcá-la; e nada seria mais infrutífero que aquela multidão de regras e preceitos abundantes em todos os moralistas. A filosofia é comumente dividida em *especulativa* e *prática*; e como a moralidade é sempre compreendida sob esta última divisão, supõe-se que influencie nossas paixões e ações e vá além dos juízos calmos e indolentes do entendimento. Isso é confirmado pela experiência comum, que nos informa que os homens são frequentemente governados por seus deveres, sendo dissuadidos de certas ações por julgá-las injustas e impelidos para outras por julgá-las de sua obrigação.

Como a moral, portanto, tem influência sobre as ações e os afetos, não pode ser derivada da razão; isso porque a razão por si só, como já provamos, jamais pode ter tal influência. A moral excita paixões e produz ou evita ações. A razão sozinha é inteiramente impotente nesse particular. As regras da moralidade, portanto, não são deduções de nossa razão.

Ninguém, acredito, negará a justeza dessa inferência; não há tampouco outro meio de escapar dela, senão negando o princípio em que se fundamenta. Enquanto se admitir que a razão não tem qualquer influência em nossas paixões e ações, será inútil pretender que a moralidade é descoberta apenas por uma dedução da razão. Um princípio ativo jamais pode ser fundado sobre um inativo; e se a razão é em si mesma inativa, deve permanecer assim em todas as suas formas e aparências, quer se exerça em assuntos naturais ou morais, quer considere os poderes de corpos externos ou as ações de seres racionais.

...

A razão é a descoberta da verdade ou da falsidade. A verdade e a falsidade consistem na concordância ou discordância com as relações *reais* das ideias, ou com a existência real das coisas. Portanto, tudo que não seja suscetível a essa concordância ou discordância é incapaz de ser verdadeiro ou falso e nunca pode ser objeto de nossa razão. Ora, é evidente que nossas paixões, volições e ações não são sujeitas a nenhum acordo ou desacordo desse tipo, pois são fatos e realidades completos em si mesmos e não implicam referência alguma a outras paixões, volições e ações. É impossível, por conseguinte, declará-las verdadeiras ou falsas, contrárias ou conformes à razão.

Este raciocínio é duplamente vantajoso para nosso presente propósito. Prova *diretamente* que os méritos das ações não derivam de uma conformidade com a razão, nem seu caráter condenável de uma contrariedade a ela; e evidencia a mesma verdade também de maneira mais *indireta*, mostrando-nos que, como a razão não pode jamais evitar ou produzir imediatamente uma ação, reprovando-a ou aprovando-a, não pode ser fonte de distinção entre o bem e o mal moral, que constatamos terem essa influência. Ações podem ser louváveis ou condenáveis, mas não podem ser racionais – louvável e condenável, portanto, não é o mesmo que racional ou irracional. O mérito e o demérito das ações frequentemente contradizem e às vezes cerceiam nossas propensões naturais. Mas a razão não tem tal influência. Logo, as distinções morais não são frutos da razão. A razão é inteiramente inativa, jamais pode ser a fonte de um princípio tão ativo quanto a consciência ou um senso moral.

Talvez se possa dizer, porém, que, embora nenhuma vontade ou ação possa ser imediatamente contraditória à razão, podemos encontrar tal contradição em alguns dos concomitantes da ação, isto é, em suas causas ou efeitos. A ação pode causar um juízo, ou ser *obliquamente* causada por um juízo, quando

Hume

este coincide com uma paixão; e mediante uma maneira de falar abusiva, que a filosofia dificilmente admitirá, a mesma contrariedade pode, por essa razão, ser atribuída à ação. Convém agora considerar até que ponto essa verdade ou falsidade pode ser fonte de moral.

Observamos que a razão, em um sentido estrito e filosófico, só pode ter influência sobre nossa conduta de duas maneiras: ao estimular uma paixão, informando-nos da existência de algo que é um objeto próprio dela; ou quando revela a conexão de causas e efeitos, de modo a nos proporcionar meios de exercer qualquer paixão. Estes são os únicos tipos de juízo que podem acompanhar nossas ações, ou que se pode considerar que de alguma maneira as produzem; e deve-se admitir que esses juízos podem com frequência ser falsos e errôneos. Uma pessoa pode ser afetada por paixão, supondo que uma dor ou prazer reside num objeto que não tem tendência alguma a produzir qualquer dessas sensações, ou que produz a sensação contrária à imaginada. Uma pessoa pode também tomar medidas erradas para alcançar seu objetivo, e por sua conduta insensata retardar, ao invés de promover, a execução de algum projeto. Pode-se considerar que esses juízos errôneos afetam as paixões e ações conectadas a eles, e também que as tornam irracionais, segundo uma maneira figurada e imprópria de falar. Embora isso seja reconhecido, é fácil observar que esses erros estão longe de ser a fonte de toda a imoralidade, ainda mais porque são comumente muito inocentes, não lançando nenhuma espécie de culpa sobre a pessoa que tem o infortúnio de cometê-los. Não vão além de um erro de *fato*, que os moralistas em geral não consideram criminoso, por ser completamente involuntário. Mereço mais pena que censura se me engano com relação à influência de objetos na produção de dor ou prazer, ou se não conheço os meios adequados de satisfazer meus desejos. Ninguém pode considerar tais erros um defeito de meu caráter moral. Vejo, por exemplo, a distância, um fruto que é na verdade desagradável, e por um engano imagino que é agradável e delicioso. Eis aqui um erro. Escolho, para alcançar o fruto, certos meios que não são apropriados para meu objetivo. Aqui está um segundo erro; não há, porém, um terceiro erro possível em nossos raciocínios relativos a ações. Pergunto, portanto, se um homem nessa situação, e culpado desses dois erros, por mais inevitáveis que eles possam ter sido, deve ser considerado vicioso e criminoso. Ou se é possível imaginar que tais erros sejam as fontes de toda a imoralidade.

Talvez convenha observar que se as distinções morais fossem derivadas da verdade ou falsidade desses juízos, deveriam ser feitas sempre que os for-mássemos; não haveria diferença alguma a questão se referir a uma maçã ou a um reino, ou se o erro poderia ter sido evitado ou não. Pois, como se supõe que a própria essência da moralidade consiste num acordo ou desacordo com a razão, as outras circunstâncias são inteiramente arbitrárias, não podendo jamais conferir a uma ação o caráter de virtuosa ou viciosa, nem privá-la desse caráter. A isso podemos acrescentar que, como essa concordância ou discordância não admite graus, todas as virtudes e vícios seriam obviamente iguais.

Caso se argumente que, embora um erro de *fato* não seja criminoso, um erro de *direito* frequentemente o é, e que isso pode ser fonte de imoralidade, eu responderia que é impossível que semelhante erro possa ser a fonte original da imoralidade porque isso supõe a existência real de um certo e um errado, isto é, uma distinção real na moral, independente desses juízos. Um erro de direito, portanto, pode se tornar uma espécie de imoralidade; mas trata-se somente de uma imoralidade secundária, fundada em alguma outra anterior a ela.

Quanto aos juízos que são *efeitos* de nossas ações, e que, quando falsos, permitem que elas sejam declaradas contrárias à verdade e à razão, podemos observar que nossas ações nunca geram nenhum juízo, seja verdadeiro ou falso, em nós mesmos, e que é somente nos outros que têm tal efeito. É certo que, em muitas ocasiões, uma ação pode provocar falsas conclusões de outras pessoas; e que alguém que vê por uma janela um comportamento lascivo entre mim e a mulher do meu vizinho pode ingenuamente imaginar que certamente se trata da minha própria esposa. Sob esse aspecto, minha ação tem certa semelhança com uma mentira ou falsidade, com uma única mas importante diferença: não estou executando a ação com nenhuma intenção de suscitar qualquer falso juízo em outrem, mas apenas para satisfazer minha luxúria e paixão. Assim, é por acidente que ela gera um erro e um juízo incorreto; e a falsidade de seus efeitos pode ser atribuída, por uma estranha maneira figurada de dizer, à própria ação. Apesar disso, não vejo razão para se afirmar que a tendência a causar semelhante erro é a fonte ou origem primeira de toda a imoralidade.

... Se o pensamento e o entendimento sozinhos fossem capazes de fixar os limites do certo e do errado, o caráter do virtuoso e do vicioso teriam de ou residir em algumas relações de objetos, ou ser um fato descoberto por nosso raciocínio. Essa consequência é evidente. Como as operações do entendimento humano se dividem em dois tipos – a comparação de ideias e a inferência de fatos –, se a virtude fosse descoberta pelo entendimento deveria ser objeto de uma dessas operações, não havendo nenhuma terceira operação do entendimento capaz de descobri-la. Houve uma opinião, muito industriosamente propagada, de que a moralidade é suscetível de demonstração; e, embora ninguém tenha sido jamais capaz de avançar um só passo nessas demonstrações, dá-se por certo que essa ciência pode ser levada a uma certeza igual à da geometria ou da álgebra. Com base nessa suposição, vício e virtude podem consistir em algumas relações, já que todos admitem que nenhum fato é passível de demonstração. Comecemos, portanto, examinando essa hipótese, e tentemos, se possível,

Hume

determinar as qualidades morais que foram por tanto tempo objeto de nossas infrutíferas investigações. Designemos distintamente as relações que constituem moralidade ou obrigação, para que possamos saber em que consistem e de que maneira devemos julgá-las.

Se afirmais que vício e virtude compõem-se em relações suscetíveis de certeza e demonstração, deveis vos restringir àquelas *quatro* relações que são as únicas a admitir esse grau de evidência; nesse caso, incorreis em absurdos dos quais nunca sereis capazes de vos desenredar. Pois, como fazeis a própria essência da moralidade residir nas relações, e como todas essas relações são aplicáveis não só a objetos irracionais, mas também a objetos inanimados, segue-se que mesmo tais objetos devem ser suscetíveis de mérito e demérito. *Semelhança, contrariedade, graus de qualidade* e *proporções em quantidade e número* – todas essas relações pertencem tão apropriadamente à matéria quanto a nossas ações, paixões e volições. É inquestionável, então, que a moralidade não reside nessas relações, nem o senso de moralidade está em sua descoberta.

Caso se afirme que o senso de moralidade consiste na descoberta de alguma relação distinta destas, e que nossa enumeração não foi completa quando incluímos todas as relações demonstráveis sob quatro tópicos gerais – a isto não sei o que responder, até que alguém tenha a bondade de me mostrar essa nova relação. É impossível refutar um sistema que nunca foi explicado. Ao lutar assim no escuro, um homem dá golpes no ar e muitas vezes os desfecha onde o inimigo não está.

Devo me contentar, portanto, nesta ocasião, em exigir as seguintes duas condições de quem quiser elucidar esse sistema. *Primeiro*, como o bem e o mal moral pertencem unicamente às ações da mente e decorrem de nossa situação com relação a objetos externos, as relações a partir das quais tais distinções morais se originam devem se encontrar apenas entre ações internas e objetos externos, não devendo ser aplicáveis nem a ações internas comparadas entre si, nem a objetos externos quando postos em oposição a outros objetos externos. Pois, como se supõe que a moralidade deve acompanhar certas relações, se estas não pudessem pertencer a ações internas consideradas isoladamente, poderíamos ser culpados de crimes no interior de nós mesmos, independentemente de nossa situação em relação ao Universo. E, de maneira semelhante, se essas relações morais pudessem ser aplicadas a objetos externos, até seres inanimados seriam suscetíveis de beleza e deformidade morais. Ora, parece difícil imaginar que, comparando-se nossas paixões, volições e ações com objetos externos, seja possível descobrir alguma relação que possa não pertencer a essas paixões e volições ou a esses objetos externos comparados entre *si*.

...

... A moralidade não consiste em quaisquer relações, que são os objetos da ciência; porém, se examinada, provaremos com igual certeza que não consiste em nenhum *fato*, que pode ser descoberto pelo entendimento. Esta é a *segunda* parte de nossa argumentação; e se ela puder ser provada, poderemos concluir que a moralidade não é um objeto da razão. Mas não pode haver alguma dificuldade em provar que o vício e a virtude não são fatos, cuja existência podemos inferir pela razão? Tomai uma ação reconhecidamente viciosa: homicídio premeditado, por exemplo. Examinai-a sob todas as luzes, e vede se conseguis encontrar esse fato, ou existência real, que chamais *vício*. Seja qual for a maneira como a tomardes, encontrareis somente certas paixões, motivos, volições e pensamentos. Não há outro fato no caso. O vício vos escapa por completo, desde que considereis o objeto. Nunca conseguireis encontrá-lo, até que desvieis vossa reflexão para vosso próprio peito, e encontreis um sentimento de desaprovação, que nasce em vós, com respeito a essa ação. Eis aqui um fato; mas ele é objeto de sentimento, não de razão. Ele reside em vós, não no objeto. Assim, quando declarais viciosa alguma ação ou caráter, nada quereis dizer senão que, a partir da constituição de vossa natureza, tendes uma sensação ou sentimento de culpa ao contemplá-la. Vício e virtude, portanto, podem ser comparados a sons, cores, calor e frio, os quais, segundo a filosofia moderna, não são qualidades nos objetos, mas percepções na mente. E essa descoberta na moral, como aquela outra em física, deve ser vista como um avanço considerável das ciências especulativas; embora tenha da mesma forma pouca ou nenhuma influência na prática. Nada pode ser mais real, ou nos interessar mais, que nossos próprios sentimentos de prazer e inquietude; e se estes forem favoráveis à virtude, e desfavoráveis ao vício, nada mais é necessário para a regulação de nossa conduta e comportamento.

Não posso me abster de acrescentar a estes raciocínios uma observação que pode, talvez, ser considerada de alguma importância. Em todo sistema de moralidade com que deparei até agora, observei sempre que o autor avança por algum tempo no modo ordinário de raciocínio e estabelece a existência de um Deus, ou faz observações concernentes aos negócios humanos; surpreendo-me então, subitamente, ao constatar que, em vez das cópulas usuais de proposições, *é* [*is*] e *não é* [*is not*], não me defronto com proposição alguma que não esteja ligada a um *deve* [*ought*], ou a um *não deve* [*ought not*]. Esta mudança é imperceptível; no entanto, é da maior importância. Pois como esse *deve*, ou *não deve*, expressa alguma relação ou afirmação nova, é necessário que ele seja observado e explicado; e, ao mesmo tempo, que uma razão seja dada para o que parece completamente inconcebível: como essa nova relação pode ser uma dedução de outras, que são inteiramente diferentes dela. Mas como os autores normalmente não tomam essa precaução, devo tomar a liberdade de recomendá-la aos leitores; e estou convencido de que esta pequena atenção subverteria todos os sistemas vulgares de moralidade, e nos permitiria ver que a distinção entre o vício e a virtude não se funda meramente nas relações de objetos, tampouco é percebida pela razão. **,,**

QUESTÕES E TEMAS PARA DISCUSSÃO

1. Qual a relação que Hume estabelece entre a razão e a moralidade?
2. Por que, segundo Hume, a distinção entre vício e virtude não pode ser estabelecida pela razão?
3. Qual a diferença entre os conceitos de verdadeiro e falso e o julgamento moral?
4. Como Hume interpreta o que denomina de "raciocínio moral"?
5. Por que para Hume não é legítimo derivar-se que se *deve* agir de determinado modo porque algo é de determinada maneira?

LEITURAS SUGERIDAS

Anthony Quinton, *Hume*, São Paulo, Unesp, 1999.
Plínio Smith, *O ceticismo de Hume*, São Paulo, Loyola, 1995.

KANT

Immanuel Kant (1724-1804) foi um dos mais influentes pensadores da ética no período moderno. Sua proposição de uma ética de princípios e seu racionalismo encontram importantes seguidores no pensamento contemporâneo, que, neste campo, se desenvolveu em grande medida a partir da influência de sua obra.

Em 1781, Kant inaugura sua fase crítica, com a publicação da *Crítica da razão pura*, à qual se segue em 1788 a *Crítica da razão prática*, seu trabalho mais importante no campo da ética. Kant tem como tema central de sua investigação a razão em seu sentido tanto teórico quanto prático. Analisa as condições segundo as quais a razão funciona, a maneira como opera e também seu objetivo. No aspecto teórico, trata-se do conhecimento legítimo da realidade com base na distinção entre entendimento e conhecimento. No que diz respeito à prática, trata-se da escolha livre dos seres racionais, que podem se submeter ou não à lei moral, que por sua vez é fruto da razão pura em seu sentido prático; portanto, age moralmente aquele que é capaz de se autodeterminar. O pressuposto fundamental da ética kantiana é assim a autonomia da razão.

São três as principais obras de Kant no campo da ética: *Fundamentação da metafísica dos costumes* (1785) é a primeira, estabelecendo as bases do sistema que o filósofo desenvolverá na *Crítica da razão prática* e que terá seu coroamento na *Metafísica dos costumes* (1797-8).

Embora no prefácio à *Fundamentação da metafísica dos costumes* afirme que seu objetivo consistia em "formular uma filosofia moral pura, completamente depurada de tudo que fosse apenas empírico e que pertencesse ao campo da antropologia", Kant também se preocupou com questões morais concretas e com a aplicação prática dos princípios éticos – em alguns escritos menos conhecidos, como *Sobre a relação entre a teoria e a prática na moral em geral* (1793) e a *Carta a Maria von Herbert* (1792), assim como em textos publicados postumamente e incluídos no *Opus postumum*. Esses trabalhos têm sido valorizados por alguns dos intérpretes contemporâneos de Kant, exatamente por mostrarem a preocupação do filósofo com questões de ordem prática e de natureza concreta. Levam em consideração, de um ponto de vista ético, as emoções e os sentimentos humanos, indo além do forte racionalismo da *Crítica da razão prática*.

A ética é parte fundamental do pensamento kantiano, o que fica claro na formulação dos problemas centrais da filosofia, ou de suas "áreas" segundo a *Lógica* (A25): O que posso saber? O que devo fazer? O que é lícito esperar? O que é o homem?

Kant apresenta a seguinte conclusão: "À primeira questão, responde a *metafísica*; à segunda, a *moral*; à terceira, a *religião*; e à quarta, a *antropologia*. Mas, no fundo, poderíamos atribuir todas à antropologia porque as três primeiras questões remetem à última." A reflexão ética deve assim, de uma perspectiva filosófica, nos orientar na resposta à segunda questão.

Na *Fundamentação da metafísica dos costumes* Kant formula seu célebre princípio do imperativo categórico, "age somente de acordo com aquela máxima pela qual possas ao mesmo tempo querer que ela se torne uma lei universal". Este princípio determina que a ação moral é aquela que pode ser universalizada. Trata-se assim de um princípio formal, isto é, independentemente do que fazemos, nossa ação será ética se puder ser universalizada. Por exemplo: devemos cumprir o que prometemos e manter nossa palavra porque esperamos que as outras pessoas também o façam, e se não fizerem toda a prática de fazer promessas desmorona. Mas ninguém pode racionalmente desejar isso, pois mesmo aquele que viola as suas promessas espera que os outros as cumpram e que suponham que ele mesmo as cumprirá. Do contrário, promessas não terão efeito algum. Agir moralmente é, portanto, agir de acordo com este princípio.

FUNDAMENTAÇÃO DA METAFÍSICA DOS COSTUMES
O imperativo categórico*

Nesse texto de 1785 encontramos um dos princípios fundamentais do racionalismo ético kantiano: o imperativo categórico. De acordo com este conceito, os deveres morais são válidos incondicionalmente, isto é, princípios que não admitem exceção. O imperativo nos diz o que devemos fazer, e sua força moral, segundo Kant, deriva da própria razão. A noção de imperativo categórico é retomada na *Analítica* da *Crítica da razão prática*.

---

* Ver Danilo Marcondes, *Textos básicos de filosofia*, Rio de Janeiro, Zahar, 5ª ed. 2007, p.120-3.

RESPOSTA À PERGUNTA: "QUE É ESCLARECIMENTO"?
Ética e esclarecimento

> Nesse texto, publicado em 1784 no periódico *Berlinische Monatsschrift*, Kant responde a um pastor que havia questionado o conceito de Esclarecimento, ou Iluminismo, por nunca tê-lo visto definido claramente. Temos aqui uma discussão sobre este conceito no que diz respeito à autonomia do indivíduo no exercício da própria razão, pois apenas assim ele adquire o que Kant chama de maturidade do sujeito. É apenas nestes termos que se pode caracterizar a liberdade.

❝ *O Esclarecimento é a saída do homem da condição de menoridade autoimposta. Menoridade* é a incapacidade de servir-se de seu entendimento sem a orientação de um outro. Esta menoridade é autoimposta quando a causa da mesma reside na carência não de entendimento, mas de decisão e coragem em fazer uso de seu próprio entendimento sem a orientação alheia. *Sapere aude!* Tenha coragem em servir-te de teu *próprio* entendimento! Este é o mote do Esclarecimento.

Preguiça e covardia são as causas que explicam por que uma grande parte dos seres humanos, mesmo muito após a natureza tê-los declarado livres da orientação alheia (*naturaliter maiorennes*), ainda permanecem, com gosto e por toda a vida, na condição de menoridade. As mesmas causas explicam por que parece tão fácil outros afirmarem-se como seus tutores. É tão confortável ser menor! Tenho à disposição um livro que entende por mim, um pastor que tem consciência por mim, um médico que me prescreve uma dieta etc.: então não preciso me esforçar. Não me é necessário pensar, quando posso pagar; outros assumirão a tarefa espinhosa por mim; a maioria da humanidade (aí incluído todo o belo sexo) vê como muito perigoso, além de bastante difícil, o passo a ser dado rumo à maioridade, uma vez que tutores já tomaram para si de bom grado a sua supervisão. Após terem previamente embrutecido e cuidadosamente protegido seu gado, para que estas pacatas criaturas não ousem dar qualquer passo fora dos trilhos nos quais devem andar, os tutores lhes mostram o perigo que as ameaça caso queiram andar por conta própria. Tal perigo, porém, não é assim tão grande, pois, após algumas quedas, aprenderiam finalmente a andar; basta, entretanto, o exemplo de um tombo para intimidá-las e aterrorizá-las por completo para que não façam novas tentativas.

É, porém, difícil para um indivíduo livrar-se de uma menoridade quase tornada natural. Ele até já criou afeição por ela, e, por suas próprias mãos, é efetivamente incapaz de servir-se do próprio entendimento porque nunca lhe foi dada a chance de tentar. Princípios e fórmulas, estas ferramentas mecânicas de uso racional, ou, antes, de abuso de seus dotes naturais, são os grilhões de uma menoridade permanente. Mesmo aquele que os arrebente não arriscaria mais que um salto sobre o menor dos fossos, pois não está acostumado a semelhante liberdade de movimentação. Por essa razão, há poucos que conseguem, através do aprimoramento do próprio espírito, desprender-se da menoridade e ainda caminhar com segurança.

Contudo, é possível que um público se esclareça a respeito de si mesmo. Na verdade, quando lhe é dada a liberdade, é algo quase inevitável. Pois aí encontrar-se-ão alguns capazes de pensar por si, até mesmo entre os tutores instituídos para a grande massa, que, após se libertarem do jugo da menoridade, espalharão em torno de si o espírito de uma apreciação racional do próprio valor e da tarefa de cada ser humano, que consiste em pensar por si mesmo. Saliente-se aqui que o público, que antes havia sido posto sob este jugo pelos tutores, posteriormente os obriga a tal sujeição quando é atiçado por alguns desses tutores, eles próprios incapazes de atingir o esclarecimento. Assim, é prejudicial plantar preconceitos porque acabam se voltando contra aqueles que o fomentaram. Por esse motivo, só lentamente o público consegue chegar ao esclarecimento. Através de uma revolução sucederá provavelmente a queda de um despotismo pessoal e de uma opressão ambiciosa e dominadora, mas jamais será promovida uma verdadeira reforma na maneira de se pensar; em verdade, apenas novos preconceitos, da mesma maneira que os antigos, servirão de guia da grande massa ignara.

Para o esclarecimento, porém, nada é exigido além da *liberdade*; e mais especificamente a liberdade menos danosa de todas, a saber: utilizar *publicamente* sua razão em todas as dimensões. Mas agora escuto em todos os cantos: *não raciocineis!* O oficial diz: não raciocineis, exercitai-vos! O Conselho de Finanças: não raciocineis, pagai! O líder espiritual: não raciocineis, crede! (um único senhor no mundo pode dizer: *raciocinai* o quanto quiser, e sobre o que quiser; mas *obedecei!*) Por todo canto há a restrição da liberdade. E qual restrição serve de obstáculo para o esclarecimento? Qual não o impede e até mesmo o sustenta? Respondo: o uso *público* do entendimento deve ser livre em qualquer momento, e só ele pode gerar o esclarecimento entre os seres humanos; o uso *privado* do mesmo pode frequentemente ser bastante restrito, sem que, todavia, o progresso do esclarecimento seja, por isso, impedido. Compreendo, porém, como uso público da razão aquele que é feito por alguém, como douto, perante o *mundo letrado*. Por uso privado, entendo aquele que o douto pode fazer em um *posto civil* ou público. Contudo, para algumas ocupações, que lidam com assuntos de interesse geral, faz-se necessário um mecanismo por meio do qual alguns membros da comunidade precisam se comportar passivamente, para que, com uma unanimidade artificial, possam ser conduzidos pelo governo em prol de fins públicos, ou para que ao menos estes fins públicos sejam preservados. Neste caso, seguramente, não é permitido raciocinar; é necessário obedecer. Mas, na medida em que essa peça da engrenagem se veja simultaneamente como membro de uma comunidade, ou mesmo da própria sociedade civil mundial, que, como douto, dirige-se ao público, seguindo seu próprio entendimento por meio de seus escritos, ele pode raciocinar o quanto quiser, sem que sejam prejudicadas as ocupações em que está inserido parcialmente como membro passivo. Seria muito prejudicial se um oficial, ao receber uma ordem de seu superior, começasse a questionar explicitamente a conveniência ou utilidade dessa ordem; ele deve obedecer. É uma questão de justiça, por outro lado, que não se lhe proíba de, como douto, fazer observações que serão apresentadas ao julgamento público a respeito dos equívocos no serviço militar. O cidadão não pode se recusar a pagar os impostos que lhe cabem; a recusa veemente de cumprir tais tarefas, caso sejam levadas adiante, pode inclusive ser punida como escândalo (posto que poderia gerar ampla desobediência civil). Pelo mesmo motivo não age contra os deveres do cidadão aquele que, como douto, se expressa publicamente a respeito da improcedência e injustiça dessas incumbências. Da mesma maneira, um sacerdote deve pregar para seus alunos de catecismo e para sua comunidade seguindo o credo da Igreja a que serve, pois foi essa a condição pela qual foi acolhido por ela. Mas, como erudito, ele tem toda a liberdade, na verdade a obrigação, de participar ao público seus pensamentos bem-intencionados e cuidadosamente fundamentados sobre o que há de falho naquele credo e fazer propostas para a criação de melhorias na instituição religiosa e clerical. Não há nada aqui que possa pesar em sua consciência. Pois o que ele prega em função de seu posto como representante da Igreja é algo que ele não pode ensinar como bem entende, algo determinado em nome e a partir da prescrição de um outro. Ele dirá: nossa igreja ensina isto e aquilo; esses são os fundamentos cabais dos quais ela se serve. De preceitos que ele mesmo não subscreveria com plena convicção, depreende regras úteis para a sua comunidade, e nisso pode se comprometer, uma vez que não é de todo impossível que ali se esconda a verdade; todavia, não pode haver ali nada que contradiga sua religião interior. Pois caso se desse tal contradição ele não poderia prestar seu serviço de consciência limpa; precisaria renunciar. Desta maneira, como professor contratado, a utilização que faz de sua razão perante sua comunidade é meramente um *uso privado*, uma vez que, por maior que seja sua dimensão, trata-se de um encontro doméstico. Frente a esta situação, ele não é livre como sacerdote, nem deve sê-lo, pois executa instruções de outrem. Por outro lado, como douto que fala ao público – nomeadamente, o mundo –, aí incluído o sacerdote que faz *uso público* de sua razão, ele goza de liberdade irrestrita para se servir da própria razão e falar por si mesmo. O fato de os tutores do povo (em assuntos religiosos) deverem retornar à condição de menoridade é uma tolice que gera a perpetuação das tolices.

Mas não deveria ser permitido para uma associação de sacerdotes, algo como uma união das Igrejas, ou uma *classis* honrada (como eles se autodenominam entre os holandeses), obedecer a um certo credo imutável e desse modo exercer uma incessante tutela sobre cada um de seus membros, e por meio destes sobre o povo, chegando mesmo a eternizá-la? Digo: isto é totalmente impossível. Tal contrato, que manteria vedado todo esclarecimento posterior ao gênero humano, é pura e simplesmente nulo e desprovido de valor, mesmo que fosse confirmado pela violência suprema, por parlamentos ou pelos mais solenes tratados de paz. Uma época não poderia assumir para si um compromisso e prometer colocar a época seguinte em uma tal condição que seria impossível para esta ampliar seus conhecimentos (presumidamente os circunstanciais), purificar-se de seus erros e, sobretudo, progredir na via do esclarecimento. Isto seria um crime contra a natureza humana, cuja determinação original é exatamente esse progresso; e aos pósteros é perfeitamente justo criticar tais decisões, tomadas de modo tão criminoso e inapropriado. A pedra de toque de tudo que pode ser decidido sobre um povo reside na pergunta: um povo formularia para si mesmo tal lei? Isso estaria bem – enquanto se aguarda por outra melhor, viável a um prazo curto e determinado – se para estabelecer uma ordem. Simultaneamente, todos os cidadãos, sobretudo os sacerdotes, estariam livres para, enquanto doutos, externarem (por escrito) o que há de falho na organização vigente – que seria mantida até que uma visão sobre o estado das coisas tenha se difundido e se provado válida a ponto de ser possível apresentar ao Trono uma proposta, aprovada por votação (mesmo que não unânime), de assumir para si a proteção daquelas comunidades que, de acordo com seu próprio entendimento, tenham se juntado para organizar uma nova instituição religiosa, sem, todavia, proibir a prática daqueles que preferem ainda se dirigir à antiga. Não é totalmente permitido, todavia, mesmo no tempo de vida de um homem, reunir-se em torno de uma constituição religiosa inquebrantável e publicamente inquestionável e, assim, aniquilar um espaço de tempo no progresso da humanidade rumo ao aperfeiçoamento, fazendo-o infértil e danoso para as gerações futuras. Um ser humano pode, no que respeita à sua própria pessoa, e mesmo assim apenas por algum tempo, adiar o esclarecimento; porém renunciar a ele, seja para si ou, ainda pior, para os seus descendentes, significa violentar e pisar sobre os direitos sagrados da humanidade. Mas o que um povo não consegue decidir para si mesmo, não deverá um monarca fazê-lo, pois sua legítima autoridade baseia-se no fato de que ele une a vontade geral do povo à sua. Quando ele se presta somente a observar que toda melhoria verdadeira ou presumida esteja de acordo com a ordem civil, então pode deixar seus súditos fazerem aquilo que consideram necessário para a salvação de suas almas; isto não lhe diz respeito.

O que lhe cabe é evitar que um impeça violentamente o outro de trabalhar em seu estabelecimento e evolução pessoais. É lesivo à Sua Majestade imiscuir-se nisso, atribuindo a seu governo o controle dos escritos por meio dos quais seus súditos procuram trazer à tona, sem máscaras, suas perspectivas; com isso ele se expõe à crítica – *Caesar non est supra grammaticus** –, mas também, e ainda mais, quando ele rebaixa de tal modo seu soberano poder e apoia, em seu Estado, o despotismo espiritual de alguns tiranos contra seus demais súditos.

Se for perguntado: vivemos agora em uma época *esclarecida?* A resposta é: não, vivemos em uma época de *Esclarecimento*. Falta muito para que os homens em geral, nas condições atuais, estejam habilitados para servir-se bem de seu próprio entendimento das questões religiosas sem o auxílio da compreensão alheia. Porém, temos claros indícios de que agora o campo lhes foi aberto para se desenvolverem livremente e que gradualmente tornam-se menores os obstáculos ao esclarecimento geral e à saída de sua menoridade autoimposta. Nesta perspectiva, esta é a época do Esclarecimento, ou o século *de Frederico*.

Um príncipe que não acha indigno de sua parte dizer que considera um *dever* nada prescrever aos homens no que tange aos assuntos religiosos e deixa-os integralmente livres nesse campo, e que, então, afasta de si o nome arrogante da *tolerância*, é esclarecido e merece ser louvado pela sociedade atual e pela posteridade, ambas gratas por ter sido ele o primeiro, pelo menos por parte do governo, a tirar o gênero humano da menoridade e deixar cada um livre para usar de seu próprio entendimento em assuntos que dizem respeito à consciência. Sob seu governo, os sacerdotes honrados, sem danos para seus deveres ministeriais, podem, na qualidade de doutos, apresentar livre e publicamente à avaliação do mundo juízos e perspectivas, aqui ou ali discordantes do credo aceito. Será ainda mais livre aquele que não estiver limitado pelo dever ministerial. Este espírito da liberdade se expande mesmo onde tem que lutar violentamente contra obstáculos externos postos por um governo que não compreende a si próprio. Este exemplo ilustra que em situações de liberdade não há com o que se preocupar a respeito da coesão e paz geral para a vida pública. Os seres humanos trabalham por si próprios para sair do estado de selvageria, se não se trama para intencionalmente mantê-lo em tal estado.

Adotei o *tema religioso* como ponto principal do esclarecimento, da saída do ser humano de sua menoridade autoimposta, porque, a respeito da ciência e das artes, os poderosos não têm interesse em exercer sua tutela sobre os súditos; e, sobretudo, porque aquela forma de menoridade é a mais danosa e depreciativa de todas. Mas o modo de pensar de um chefe de Estado que contempla a primeira vai mais além, ele percebe que, mesmo levando em consideração a sua *legislação*, não há qualquer perigo em permitir que seus súditos

---

* "César não está acima dos gramáticos", citação do autor romano Suetônio (séc. I) em *De Grammaticis et Rhetoribus*.

façam uso *público* de sua própria razão e apresentem ao mundo publicamente seus pensamentos que proponham uma melhor legislação, acompanhados, inclusive, de uma crítica da que já existe. Disto temos um exemplo brilhante, por ninguém precedido, em nosso estimado monarca.

Mas somente aquele que, sendo ele próprio esclarecido, não teme as sombras, e também dispõe de uma tropa numerosa e altamente disciplinada que preserve a paz pública, somente este pode dizer o que um Estado livre não ousaria: *raciocine o quanto quiser e sobre o que quiser – mas obedeça!* Aqui se mostra um curso estranho e inesperado das coisas humanas; pois, visto de forma abrangente, quase tudo é paradoxal. Um maior grau de liberdade civil parece ser vantajoso à liberdade do *espírito* do povo, no entanto lhe impõe limites que não podem ser ultrapassados; por outro lado, um grau menor daquela cria este espaço em que todas as faculdades poderão ser expandidas. Quando, então, a natureza, por sob essa grossa casca, desenvolve a semente pela qual zelou tão cuidadosamente – a saber, a tendência e a vocação para o *pensamento livre* –, isto repercute gradualmente no espírito do povo (que com isso torna-se cada vez mais capaz de exercer sua *liberdade para agir*) e até mesmo nos fundamentos do *governo*, para o qual torna-se mais apropriado tratar o ser humano de acordo com sua própria honra, e não *mais como uma simples máquina.*

QUESTÕES E TEMAS PARA DISCUSSÃO

1. Em que medida a ética kantiana deve ser interpretada como racionalista?
2. Como se pode interpretar o imperativo categórico como princípio ético?
3. Para Kant, em que sentido a ética pressupõe a autonomia da razão?
4. Como se pode entender a exigência de universalidade da ética kantiana?
5. A ética kantiana deve ser vista como estritamente formalista ou inclui também preocupações com sua aplicação?

LEITURAS SUGERIDAS

Daniel Omar Perez (org.), *Kant no Brasil,* São Paulo, Escuta, 2005.
Howard Caygill, *Dicionário Kant,* Rio de Janeiro, Zahar, 2000.
Georges Pascal, *O pensamento de Kant,* Petrópolis, Vozes, 1983.
Ricardo Terra, *Kant e o direito,* Rio de Janeiro, Zahar, 2004.
Ralph Walker, *Kant e a lei moral,* São Paulo, Unesp, 1999.

KIERKEGAARD

O dinamarquês Søren Abbye Kierkegaard (1813-55) foi um dos mais importantes e originais pensadores do século XIX, sendo considerado o filósofo que inaugura o existencialismo. Sua obra discute questões filosóficas, teológicas e literárias, sempre em um estilo fortemente pessoal e com frequência recorrendo a um *alter ego* ou a heterônimos, como Victor Eremita, Constantino Constantius, Johannes de Silentio e Johannes Clímaco, entre outros, que representam diferentes perspectivas do autor sobre a realidade e a existência humana, assim como apresentam estilos distintos.

Filho de um pastor protestante e profundamente marcado pela educação austera de sua família luterana, Kierkegaard manteve durante toda a vida uma relação conflituosa com a igreja oficial da Dinamarca. Depois de graduar-se em teologia na Universidade de Copenhagen, defendeu tese, em 1841, sobre o conceito de ironia em Sócrates, passando em seguida um período em Berlim estudando filosofia, quando teve contato com Friederich Schelling.

Sua obra é bastante assistemática e sempre de caráter autobiográfico, ressaltando suas angústias, sobretudo em relação à questão religiosa. Em polêmica com o hegelianismo, então bastante influente na Dinamarca, questiona o universalismo e o caráter abstrato e especulativo dessa filosofia, procurando valorizar, ao contrário, a importância da subjetividade e da experiência individual. É esse o ponto de partida de seu existencialismo: a experiência subjetiva radical e o processo pelo qual o indivíduo, diante do absurdo do mundo e do silêncio de Deus, vê-se compelido a buscar ele próprio o sentido de sua existência.

A problemática central de Kierkegaard é exatamente a irracionalidade de nossa experiência do real, a impossibilidade de tomarmos decisões de maneira racional e de justificarmos nossa ação de um ponto de vista ético. A questão ética fundamental reside, assim, na necessidade de fazermos escolhas frente à impossibilidade de ter certeza delas e de poder justificá-las. É necessário, para isso, dar um "salto no escuro", que consiste na fé e está além da racionalidade, da justificação ou mesmo da compreensão.

TEMOR E TREMOR
Ética e fé

Em seu texto *Temor e tremor* (referência a uma passagem da *Epístola de São Paulo aos Filipenses, 2, 12*), publicado em 1843 e assinado sob o pseudônimo de Johannes de Silentio (baseado em um personagem de um conto dos irmãos Grimm), logo após o fracasso de seu noivado com Regine Olsen, Kierkegaard retoma a história de Abraão e do sacrifício de seu filho Isaac, narrada no livro do *Gênesis* (22, 1-19), no Antigo Testamento, e discute a questão do supremo sacrifício, sem esperança de recompensa, explicação ou justificativa. Kierkegaard discute as situações-limite em que princípios éticos, como proteger a vida do próprio filho, são postos à prova por um princípio mais elevado, uma ordem divina, a que obedecemos pela fé, que é cega, mesmo sem compreendê-la. O conflito se dá, então, entre a ética e a fé, entre o que compreendemos e o que não compreendemos, mas em que cremos. Kierkegaard não defende simplesmente a fé, ele explora os conflitos e paradoxos das situações-limite, como a de Abraão, que nos colocam à prova e sobre as quais não temos explicações a dar, como Abraão após o retorno do monte Moriá com seu filho. "Quando me ponho a refletir sobre Abraão, sinto-me aniquilado", diz o filósofo.

Kant, por exemplo, em *A religião nos limites da simples razão* (IV, Parte 2, Seção 4), de 1793, considera, em contraposição a Abraão, que uma pessoa que conclui que Deus a ordena a agir de forma não ética deve por algum motivo estar errada.

Porém, segundo Kierkegaard, Abraão vive em conflito entre o dever para com seu filho e o dever em relação a Deus, que acaba por prevalecer. Segundo Kierkegaard, Abraão não nega a ética ao aceitar fazer o sacrifício, mas a submete a uma "suspensão teleológica". O silêncio de Abraão é devido ao inexplicável de sua condição e seria inútil tentar fazer alguém entender sua experiência e seu conflito. Kierkegaard diz que "quando a esperança se torna absurda, Abraão crê", e é em última instância a fé de Abraão que salva Isaac, quando no momento final Deus envia um anjo para substituir seu filho por um cordeiro.

Abraão vive enquanto indivíduo uma experiência radical, ao fazer sua escolha, que não encontra explicação nem resposta nos princípios universais e abstratos da ética.

"A fé é exatamente esse paradoxo segundo o qual o indivíduo está acima do universal, embora de um modo, deve-se notar, em que o movimento se repete, isto é, tendo participado do universal, o indivíduo agora se coloca à parte como um particular acima do universal. Esse ponto de vista não se deixa mediar, pois toda mediação acontece em função do geral – isto é e continuará sendo, por toda a eternidade, um paradoxo inacessível ao pensamento. Entretanto, a fé é esse paradoxo (essas são as consequências que peço ao leitor para ter *in mente* nesse ponto, já que seria cansativo relembrá-las a toda hora), senão nunca houve fé, exatamente porque sempre houve, caso contrário Abraão está perdido.*

Deve ser verdade que esse paradoxo para o indivíduo pode ser facilmente confundido com um escrúpulo, mas não se deve por isso ocultá-lo. É bem verdade que a construção do pensamento de muitos possa ser de tal modo que sejam rechaçados pelo paradoxo, porém não por esse motivo se deve fazer da fé outra coisa que a torna aceitável enquanto aqueles que têm fé deveriam preocupar-se em identificar o que distingue o paradoxo do escrúpulo.

O relato sobre Abraão contém uma suspensão teleológica da ética. Não faltam mentes brilhantes nem pesquisadores meticulosos para encontrar casos análogos. A sabedoria desses pesquisadores se resume na bela afirmação de que no fundo tudo dá no mesmo. Ao refletir um pouco melhor, duvido muito que se possa no mundo inteiro encontrar uma única analogia, salvo uma posterior e que não prova nada, quando ficou confirmado que Abraão representa a fé e que ela normalmente se expressa nele, cuja vida não é apenas a mais paradoxal que se possa pensar, mas tão paradoxal que não se deixa pensar de todo. Ele age em função do absurdo; pois o absurdo é exatamente que ele, como indivíduo, é superior ao geral. Esse paradoxo não permite mediação; pois quando Abraão tenta, é obrigado a confessar que tem escrúpulos e, por isso, nunca irá sacrificar Isaac; ou, se já tiver sacrificado Isaac, ele voltará ao universal com remorso. Graças ao absurdo ele recebe Isaac de volta. Por essa razão, Abraão não é em momento algum um herói trágico, mas algo totalmente diferente: um assassino ou um homem de fé. Abraão não tem a determinação intermediária, que salva o herói trágico. É por isso que eu, de modo um tanto insensato, admiro-o mais do que a qualquer outro.

A expressão ética da relação de Abraão com Isaac é simplesmente que o pai deve amar o filho mais do que a si mesmo. O domínio da ética possui, entretanto, várias gradações; queremos ver se nesse relato existe outra expressão superior da ética que pudesse explicar eticamente seu comportamento,

---

* A frase é uma ironia dirigida contra Hegel. (N.T.)

justificar eticamente a suspensão do compromisso ético com o filho, sem por isso sair da teleologia deste domínio.

Quando uma missão*, sendo a preocupação de um povo inteiro, é impedida pela desgraça do céu, quando a divindade enfurecida envia uma calmaria que zomba de todos os esforços, quando o adivinho completa sua tarefa pesada e anuncia que a divindade exige o sacrifício de uma jovem moça – então o pai realizará heroicamente esse sacrifício. Nobremente irá dissimular sua dor, ainda que possa ter desejado ser "o homem pobre que se atreve a chorar", e não um rei obrigado a agir como tal. E ainda que a dor penetre solitariamente em seu peito e ele só tenha três cúmplices entre o povo, logo o povo inteiro irá compactuar com sua dor e também com seu feito: em benefício de todos sacrificar sua jovem e bela filha. "Ah seio! Ah face linda, cabelos dourados". E a filha vai comovê-lo com suas lágrimas, mas ele virará o rosto e levantará a faca. Quando a notícia chegar à pátria, as belas moças gregas vão enrubescer de entusiasmo, e se a filha estivesse noiva, o noivo não se zangaria, mas ficaria orgulhoso do feito do pai dela, pois amava a moça ainda mais do que este.

Quando o corajoso juiz, que salvou Israel no momento de apuro, num único suspiro obriga Deus e a si próprio ao mesmo voto, ele heroicamente converte em luto o júbilo da jovem moça, a alegria da filha, e todo Israel estará de luto com ela por sua juventude; mas todo homem livre vai compreender, toda mulher caridosa vai admirar Jefté, e toda virgem em Israel desejará agir como se fosse sua filha; pois de que adiantaria que Jefté vencesse por seu voto, caso não o cumprisse? O povo não teria a vitória anulada?

Quando um filho esquece seu dever e o Estado confia a espada da justiça ao pai, quando a lei exige castigar pela mão do pai, que heroicamente esquecerá que o culpado é seu filho, ele esconderá nobremente sua dor, mas não haverá ninguém entre o povo, nem mesmo o próprio filho, que não admirará o pai, e cada vez que as leis de Roma forem interpretadas, será lembrado que muitos intérpretes foram mais sábios, porém nenhum mais nobre do que Brutus.

Se Agamêmnon, todavia, ainda que a frota seja levada de vento em popa a seu alvo, enviasse um mensageiro para procurar Ifigênia e levá-la ao sacrifício; se Jefté, sem estar amarrado a nenhum voto que decidisse o destino de seu povo, dissesse à filha: "Fique de luto durante os próximos dois meses por sua juventude curta, pois depois te sacrificarei"; se Brutus tivesse tido um filho justo e ainda assim o tivesse chamado a Lictorerne para executá-lo – quem os compreenderia? Se esses três homens, ao serem questionados sobre seus motivos, respondessem: "É uma provação através da qual somos testados", assim se poderia compreendê-los melhor?

---

* A Guerra de Troia. (N.T.)

Quando Agamêmnon, Jefté e Brutus, no momento decisivo, superam heroicamente a dor, abrem mão do ser amado e apenas precisam concretizar o ato, não há no mundo uma alma nobre sem lágrimas de compaixão por sua dor e admiração por seu feito. Se esses três homens, ao contrário, no momento decisivo, em que corajosamente sustentam a dor, ouvissem a simples frase "Não vai acontecer" – quem os compreenderia? Se como explicação acrescentassem: "Temos fé nisto em função do absurdo" – quem os compreenderia melhor, pois mesmo entendendo com facilidade que era absurdo, quem poderia compreender que assim tinham fé?

A diferença entre o herói trágico e Abraão salta com facilidade aos olhos. O herói trágico se mantém dentro da ética. Ele deixa uma expressão da ética ter seu *Telos** numa expressão superior da ética, reduz a relação ética entre pai e filho, ou filha, a um sentimento que possui sua dialética na relação à ideia moral. Não pode então haver suspensão teleológica da própria ética.

Com Abraão é diferente. Com seu ato ele transcendeu a ética em si, e tinha, para além deste, um *Telos* superior em relação ao qual suspendeu a ética. Eu gostaria, pois, de saber como se relacionaria o ato de Abraão ao geral, se for possível descobrir outro contato entre o que Abraão fez e o geral além do fato de tê-lo transgredido. Não é para salvar um povo, para defender a ideia do Estado, para apaziguar a raiva dos deuses que Abraão faz o que faz. Se o caso fosse a raiva de Deus, este só teria raiva de Abraão, e todo o feito de Abraão não teria nenhuma relação com o geral, seria uma questão estritamente particular. Enquanto o herói trágico é superior por sua virtude moral, Abraão é superior pela virtude puramente pessoal. Não há maior expressão da ética na vida de Abraão do que o fato de que o pai deve amar seu filho. Não pode haver questão da ética no sentido de moral. Se o geral fosse presente, estaria contido em Isaac, escondido de algum modo em seus flancos, e gritaria com a boca de Isaac: "Não o faça, vai destruir tudo."

Por que então Abraão o faz? Por culpa de Deus e, de modo completamente idêntico, por sua própria culpa. Ele faz por culpa de Deus porque este exige dele essa prova de sua fé; e faz por sua própria culpa para conceder essa prova. A unidade disso está verdadeiramente expressa na palavra que sempre caracterizou essa relação: é uma provação, uma tentação. Mas o que significa uma tentação? O que tenta o homem é aquilo que o impede de cumprir seu dever, mas aqui a tentação é a própria ética, que o impediria de fazer a vontade de Deus. Mas o que é então o dever? O dever é exatamente a expressão da vontade de Deus.

Aqui evidencia-se a necessidade de uma nova categoria para entender Abraão. O paganismo não conhece semelhante relação com a divindade. O

---

* Em grego no original. (N.T.)

herói trágico não entra em nenhuma relação particular com a divindade, pois a ética é a divindade e por isso o paradoxo se deixa mediar pelo geral.

Abraão não se deixa mediar; em outras palavras: ele não pode falar. Quando eu falo, expresso o geral, e se não o fizer ninguém consegue me entender. Quando Abraão quer se expressar no universal, ele é obrigado a dizer que sua situação é um escrúpulo, pois ele não possui expressão superior, que fique acima do universal que ele transgride.

Ao mesmo tempo em que Abraão desperta minha admiração, ele também me apavora. Aquele que nega a si mesmo para sacrificar-se pelo dever, e abre mão do finito para segurar o infinito, este tem certeza suficiente; o herói trágico desiste da certeza em favor da certeza superior, e o olhar do espectador descansa em paz sobre ele. Mas aquele que desiste do geral para lançar mão de algo ainda superior, não sendo o geral, o que ele faz? É possível que isso possa ser outra coisa além de escrúpulos? E se isso for possível, caso o indivíduo cometa um erro, qual é a salvação que o espera? Ele sofre a mesma dor do herói trágico, destrói sua alegria neste mundo, abre mão de tudo e talvez se exclua no momento mesmo da alegria superior que lhe era tão cara a ponto de querer comprá-la a qualquer preço. O espectador não consegue entender, e tampouco seu olhar pode descansar sobre ele. Talvez não seja possível, de maneira alguma, fazer o que o homem de fé pretende, uma vez que é impensável. Ou, se fosse possível, e o indivíduo tivesse entendido mal a divindade, que salvação o esperaria? O herói trágico precisa de lágrimas, exige-as, e onde haveria um olho invejoso, tão estéril, que não choraria por Agamêmnon? E onde encontrar aquele cuja alma seja tão perdida que se atreveria a chorar por Abraão? O herói trágico realiza seu feito num momento determinado, porém com o passar do tempo faz algo que não é menos importante: acode aquele cuja alma está de luto, cujo peito já não respira e tem os suspiros abafados, aquele subjugado sob pensamentos pesados, prenhes de lágrimas; para este ele se mostra, levantando o feitiço do luto, desamarrando o espartilho, liberando a lágrima uma vez que o sofredor esquece o próprio sofrimento ao pensar no alheio. Não se pode chorar por Abraão. Com um *horror religiosus* aproxima-se dele como Israel aproximou-se da montanha de Sinai. Se então o homem solitário que escala a montanha de Moriá, cujo cume se destaca sobre as planícies de Áulida, se ele não for um sonâmbulo que consegue andar seguro à beira do abismo, enquanto o outro que o olha do pé da montanha, tremendo de angústia, e por respeito e terror não se atreve nem a chamá-lo, pois se ele for perturbado, se ele errar! Obrigado! Mais uma vez obrigado ao homem que oferece àquele que é deixado nu, tomado pelas aflições da vida, uma expressão para cobrir sua miséria; graças a ti, grande Shakespeare, que consegue dizer tudo, tudo exatamente como é – e ainda assim por que nunca expressaste essa aflição? Preservaste-a talvez para si mesmo? Como a amada que não suportamos que o mundo mencione; pois um poeta compra o poder da palavra para enunciar todos os segredos pesados dos outros em troca de um pequeno segredo que ele não pode pronunciar, e um poeta não é um apóstolo, só exorciza os demônios com o poder do Demônio.

Mas quando a ética assim estiver suspensa teleologicamente, como o indivíduo existe nesta suspensão? Existe como indivíduo em oposição ao geral. Ele é pecador, então? Pois eis a forma do pecado, do ponto de vista da ideia, do mesmo modo que a criança não peca por não ser consciente de sua existência, e ainda assim sua existência é pecado do ponto de vista da ideia, e a ética em todo momento lhe é exigida.

QUESTÕES E TEMAS PARA DISCUSSÃO

1. Qual a importância da história de Abraão para Kierkegaard?
2. Como se pode entender a relação entre ética e fé no pensamento de Kierkegaard?
3. O que significa para Kierkegaard a "suspensão teleológica da ética"?
4. Como você se posicionaria diante do dilema de Abraão?

LEITURAS SUGERIDAS

Ernani Reichmann, *Kierkegaard,* Curitiba, JR, 1972.

Márcio Gimenes de Paula, *Socratismo e cristianismo em Kierkegaard: o escândalo e a loucura,* São Paulo, Annablume, 2001.

Patrick Gardiner, *Kierkegaard,* São Paulo, Loyola, 2001.

Søren Kierkegaard, *As obras do amor: algumas considerações cristãs em forma de discursos,* Petrópolis, Vozes/São Francisco, 2005.

_____, *O conceito de ironia constantemente referido a Sócrates,* Petrópolis, Vozes/São Francisco, 2005.

NIETZSCHE

Nascido na Alemanha, filho de um pastor luterano e bastante marcado pelo rigor da religião protestante, Friedrich Nietzsche (1844-1900) foi um dos críticos mais mordazes da moral tradicional desde a filosofia grega até o cristianismo. Pensador radical, propõe uma "transvaloração de todos os valores" (*Ecce Homo*, 1888), visando romper não só com a moral judaico-cristã mas também com a tradição grega desde Sócrates, representativa do racionalismo e da visão unilateral que teria prevalecido em toda a cultura ocidental.

Nietzsche define seu pensamento em *Além do bem e do mal* como uma "crítica da modernidade". Particularmente no caso da ética, procura mostrar que ela não se fundamenta na razão. A moral cristã se caracteriza pela "moral do rebanho", em que os indivíduos se deixam levar pela maioria e seguem os ensinamentos da moral tradicional de forma acrítica. É também a moral do "homem do ressentimento", que assume a culpa e o pecado como características de sua natureza e por isso reprime seus impulsos vitais, sua vontade, sua criatividade, em nome da submissão à autoridade da religião e, por extensão, do Estado e das instituições em geral. Essa é, segundo Nietzsche, a "moral dos fracos", que consegue se impor aos fortes exatamente através do recurso à culpa e ao remorso inculcados pela tradição em todos os indivíduos.

Sua crítica visa então recuperar os valores afirmativos da vida, que possam dar aos homens um novo impulso em direção à superação de suas limitações por meio do incentivo à vontade, à sensibilidade, à criatividade.

A crítica nietzschiana da tradição filosófica, religiosa e científica, assim como sua discussão sobre a natureza humana através do questionamento dos pressupostos racionalistas da filosofia e da ciência, teve forte influência sobre o pensamento do século XX – pensadores da importância de Freud, Heidegger e Foucault, por exemplo, reconheceram explicitamente essa influência.

ALÉM DO BEM E DO MAL
Dos preconceitos dos filósofos

Nessa obra de 1886, Nietzsche questiona a dicotomia bem/mal na qual se baseia toda a moral tradicional, relacionando-a à dicotomia verdadeiro/falso em que está baseada a tradição do conhecimento e caracterizando ambas como "preconceitos dos filósofos". Esses conceitos que são tratados como objetivos e derivados da razão universal nada mais são do que fruto dos sentimentos e instintos humanos, resultados da história, da cultura e da educação. Cabe então libertar o homem desses preconceitos e dos valores tradicionais e fazê-lo redescobrir os valores afirmativos da vida, que permitem o desenvolvimento do que há de mais nobre em sua natureza e possibilitam que cada um seja capaz de superar a si mesmo em direção ao "homem do futuro".

1. A vontade de verdade, que ainda nos fará correr não poucos riscos, a célebre veracidade que até agora todos os filósofos reverenciaram: que questões essa vontade de verdade já não nos colocou! Estranhas, graves, discutíveis questões! Trata-se de uma longa história – mas não é como se apenas começasse? Que surpresa, se por fim nos tornamos desconfiados, perdemos a paciência, e impacientes nos afastamos? Se, com essa esfinge, também nós aprendemos a questionar? *Quem*, realmente, nos coloca questões? *O que*, em nós, aspira realmente "à verdade"? – De fato, por longo tempo nos detivemos ante a questão da origem dessa vontade – até afinal parar completamente ante uma questão ainda mais fundamental. Nós questionamos o *valor* dessa vontade. Certo, queremos a verdade: mas por que não, de preferência, a inverdade? Ou a incerteza? Ou mesmo a insciência? – O problema do valor da verdade apresentou-se à nossa frente – ou fomos nós a nos apresentar diante dele? Quem é Édipo, no caso? Quem é a Esfinge? Ao que parece, perguntas e dúvidas marcaram aqui um encontro. – E seria de acreditar que, como afinal nos quer parecer, o problema não tenha sido jamais colocado – que tenha sido por nós pela primeira vez vislumbrado, percebido, *arriscado*? Pois nisso há um risco, como talvez não exista maior.

2. "Como poderia algo nascer do seu oposto? Por exemplo, a verdade do erro? Ou a vontade de verdade da vontade de engano? Ou a ação desinteressada do egoísmo? Ou a pura e radiante contemplação do sábio da concupiscência? Semelhante gênese é impossível; quem com ela sonha é um tolo, ou algo

pior; as coisas de valor mais elevado devem ter uma origem que seja outra, *própria* – não podem derivar desse fugaz, enganador, sedutor, mesquinho mundo, desse turbilhão de insânia e cobiça! Devem vir do seio do ser, do intransitório, do deus oculto, da 'coisa em si' – nisso, e em nada mais, deve estar sua causa!" – Este modo de julgar constitui o típico preconceito pelo qual podem ser reconhecidos os metafísicos de todos os tempos; tal espécie de valoração está por trás de todos os seus procedimentos lógicos; é a partir desta sua "crença" que eles procuram alcançar seu "saber", alcançar algo que no fim é batizado solenemente de "verdade". A crença fundamental dos metafísicos é *a crença nas oposições de valores*. Nem aos mais cuidadosos entre eles ocorreu duvidar aqui, no limiar, onde mais era necessário: mesmo quando haviam jurado para si próprios *de omnibus dubitandum* [de tudo duvidar]. Pois pode-se duvidar, primeiro, que existam absolutamente opostos; segundo, que as valorações e oposições de valor populares, nas quais os metafísicos imprimiram seu selo, sejam mais que avaliações de fachada, perspectivas provisórias, talvez inclusive vistas de um ângulo, de baixo para cima talvez, "perspectivas de rã", para usar uma expressão familiar aos pintores. Com todo o valor que possa merecer o que é verdadeiro, veraz, desinteressado: é possível que se deva atribuir à aparência, à vontade de engano, ao egoísmo e à cobiça um valor mais alto e mais fundamental para a vida. É até mesmo possível que aquilo que constitui o valor dessas coisas boas e honradas consista exatamente no fato de serem insidiosamente aparentadas, atadas, unidas, e talvez até essencialmente iguais, a essas coisas ruins e aparentemente opostas. Talvez! – Mas quem se mostra disposto a ocupar-se de tais perigosos "talvezes"? Para isto será preciso esperar o advento de uma nova espécie de filósofos, que tenham gosto e pendor diversos, contrários aos daqueles que até agora existiram – filósofos do perigoso "talvez" a todo custo. – E, falando com toda a seriedade: eu vejo esses filósofos surgirem.

3. Depois de por muito tempo ler nos gestos e nas entrelinhas dos filósofos, disse a mim mesmo: a maior parte do pensamento consciente deve ser incluída entre as atividades instintivas, até mesmo o pensamento filosófico; aqui se deve mudar o modo de ver, como já se fez em relação à hereditariedade e às "características inatas". Assim como o ato de nascer não conta no processo e progresso geral da hereditariedade, também "estar consciente" não se opõe de algum modo decisivo ao que é instintivo – em sua maior parte, o pensamento consciente de um filósofo é secretamente guiado e colocado em certas trilhas pelos seus instintos. Por trás de toda lógica e de sua aparente soberania de movimentos existem valorações, ou, falando mais claramente, exigências fisiológicas para a preservação de uma determinada espécie de vida. Por exemplo,

que o determinado tenha mais valor que o indeterminado, a aparência menos valor que a "verdade": tais avaliações poderiam, não obstante a sua importância reguladora *para nós*, ser apenas avaliações de fachada, um determinado tipo de *niaiserie* [tolice], tal como pode ser necessário justamente para a preservação de seres como nós. Supondo, claro, que não seja precisamente o homem a "medida de todas as coisas"...

4. A falsidade de um juízo não chega a constituir, para nós, uma objeção contra ele; é talvez nesse ponto que a nossa nova linguagem soa mais estranha. A questão é em que medida ele promove ou conserva a vida, conserva ou até mesmo cultiva a espécie; e a nossa inclinação básica é afirmar que os juízos mais falsos (entre os quais os juízos sintéticos *a priori*) nos são os mais indispensáveis, que, sem permitir a vigência das ficções lógicas, sem medir a realidade com o mundo puramente inventado do absoluto, do igual a si mesmo, o homem não poderia viver – que renunciar aos juízos falsos equivale a renunciar à vida, negar a vida. Reconhecer a inverdade como condição de vida: isto significa, sem dúvida, enfrentar de maneira perigosa os habituais sentimentos de valor; e uma filosofia que se atreve a fazê-lo se coloca, apenas por isso, além do bem e do mal.

5. O que leva a considerar os filósofos com olhar meio desconfiado, meio irônico não é o fato de continuamente percebermos como eles são inocentes – a frequência e a facilidade com que se enganam e se perdem, sua puerilidade e seus infantilismos, em suma –, mas sim que não se mostrem suficientemente íntegros, enquanto fazem um grande e virtuoso barulho tão logo é abordado, mesmo que de leve, o problema da veracidade. Todos eles agem como se tivessem descoberto ou alcançado suas opiniões próprias pelo desenvolvimento autônomo de uma dialética fria, pura, divinamente imperturbável (à diferença dos místicos de toda espécie, que são mais honestos e toscos – falam de "inspiração"): quando no fundo é uma tese adotada de antemão, uma ideia inesperada, uma "intuição", em geral um desejo íntimo tornado abstrato e submetido a um crivo, que eles defendem com razões que buscam posteriormente – eles são todos advogados que não querem ser chamados assim, e na maioria defensores manhosos de seus preconceitos, que batizam de "verdades" –, estando muito longe de possuir a coragem da consciência que admite isso, justamente isso para si mesma, muito longe do bom gosto da coragem que dá a entender também isso, seja para avisar um amigo ou inimigo, seja por exuberância e para zombar de si mesma. A rígida e virtuosa tartufice do velho Kant, com a qual ele nos atrai às trilhas ocultas da dialética, que encaminham, ou melhor, desencaminham, a seu "imperativo categórico" – esse espetáculo nos faz sorrir, a nós, de gosto exigente, que achamos não pouca graça em

observar os truques sutis dos moralistas e pregadores da moral. Sem falar no *hocus pocus* de forma matemática com que Spinoza encouraçou e mascarou sua filosofia – "o amor à *sua* sabedoria", tomando a palavra no sentido correto e justo –, a fim de intimidar antecipadamente o atacante que ousasse lançar os olhos à invencível donzela e Palas Atena – quanta timidez e vulnerabilidade não revela essa mascarada de um doente recluso!

ALÉM DO BEM E DO MAL
Contribuição à história natural da moral

> Nesta passagem Nietzsche critica a tentativa tradicional dos filósofos de fundamentar a moral e de formular uma "ciência da moral" sem contudo jamais se perguntarem sobre o sentido da própria moral, sem jamais problematizá-la. Propõe, ao contrário, a adoção de uma perspectiva histórica sobre a moral, indicando a necessidade de comparar as várias visões de moral culturalmente existentes.

186. Na Europa de hoje, a sensibilidade moral é tão sutil, tardia, múltipla, excitável, refinada, quanto a "ciência da moral" que lhe corresponde é ainda jovem, incipiente, tosca e rudimentar – um atraente contraste, que às vezes se faz visível e toma corpo na pessoa mesma de um moralista. Considerando aquilo que designa, a expressão "ciência da moral" resulta demasiado arrogante e contrária ao *bom* gosto: o qual é sempre gosto antecipado pelas palavras mais modestas. Deveríamos, com todo o rigor, admitir o *que* se faz necessário por muito tempo, o *que* unicamente se justifica por enquanto: reunião de material, formulação e ordenamento conceitual de um imenso domínio de delicadas diferenças e sentimentos de valor que vivem, crescem, procriam e morrem – e talvez tentativas de tornar evidentes as configurações mais assíduas e sempre recorrentes dessa cristalização viva – como preparação para uma *tipologia* da moral. Sem dúvida: até agora ninguém foi modesto a esse ponto. Tão logo se ocuparam da moral como ciência, os filósofos todos exigiram de si, com uma seriedade tesa, de fazer rir, algo muito mais elevado, mais pretensioso, mais solene: eles desejaram a *fundamentação* da moral – e cada filósofo acreditou até agora ter fundamentado a moral; a moral mesma, porém, era tida como "dada". Quão longe do seu tosco orgulho estava a tarefa da descrição, aparentemente insignificante e largada no pó e na lama, embora

para realizá-la não bastassem talvez os sentidos e os dedos mais finos e delicados! Precisamente porque os filósofos da moral conheciam os fatos morais apenas grosseiramente, num excerto arbitrário ou compêndio fortuito, como moralidade do seu ambiente, de sua classe, de sua Igreja, do espírito de sua época, de seu clima e seu lugar – precisamente porque eram mal informados e pouco curiosos a respeito de povos, tempos e eras, não chegavam a ter em vista os verdadeiros problemas da moral – os quais emergem somente na comparação de *muitas* morais. Por estranho que possa soar, em toda "ciência da moral" sempre faltou o problema da própria moral: faltou a suspeita de que ali havia algo problemático. O que os filósofos denominavam "fundamentação da moral", exigindo-a de si, era apenas, vista à luz adequada, uma forma erudita da ingênua *fé* na moral dominante, um novo modo de *expressá-la*, e portanto um fato no interior de uma determinada moralidade, e até mesmo, em última instância, uma espécie de negação de que fosse *lícito* ver essa moral como um problema – em todo caso o oposto de um exame, questionamento, análise, vivissecção dessa mesma fé. Ouçam, por exemplo, com que inocência quase venerável Schopenhauer apresenta sua tarefa, e tirem suas conclusões sobre a cientificidade de uma "ciência" cujos mestres mais recentes ainda falam como as crianças e as velhinhas: – "o princípio", diz ele (p.136 dos *Problemas fundamentais da moral*), "a tese fundamental em torno de cujo teor os éticos se acham *verdadeiramente* de acordo: *neminem laede, immo omnes, quantum potes, juve* [não fere a ninguém, antes ajuda a todos no que possas] – essa é *verdadeiramente* a tese que todos os professores da ética se esforçam em fundamentar... o *verdadeiro* fundamento da ética, que como a pedra filosofal é procurado há milênios". – A dificuldade em fundamentar a referida tese pode ser realmente grande – como se sabe, tampouco Schopenhauer teve bom êxito nisso –; e quem alguma vez sentiu radicalmente a insipidez, a falsidade e o sentimentalismo dessa tese, num mundo cuja essência é vontade de poder – a esse podemos lembrar que Schopenhauer, embora pessimista, verdadeiramente – tocava flauta... Diariamente, após a refeição: leiam na sua biografia. E a propósito: um pessimista, um negador de Deus e do mundo, que se *detém* diante da moral – que diz "sim" à moral e toca flauta, à moral do *laede neminem*: como? este é verdadeiramente – um pessimista?

187. Ainda sem considerar o valor de afirmações como "existe em nós um imperativo categórico", sempre se pode perguntar: o que diz uma tal afirmação sobre aquele que a faz? Existem morais que pretendem justificar perante os outros o seu autor; outras morais pretendem acalmá-lo e deixá-lo contente consigo mesmo; com outras ele quer crucificar e humilhar a si mesmo; com outras ele quer vingar-se, com outras esconder-se, com outras quer transfigurar-

se e colocar-se nas alturas; essa moral serve para o autor esquecer, aquela, para fazê-lo esquecer de si mesmo ou de algo de si; alguns moralistas gostariam de exercer sobre a humanidade seu poder e seu capricho criador; alguns outros, talvez Kant entre eles, dão a entender com sua moral: "o que merece respeito em mim é que sou capaz de obedecer – e com vocês não será diferente!" – em suma, também as morais não passam de uma *semiótica dos afetos.*

GENEALOGIA DA MORAL
Primeira dissertação

A *Genealogia da moral*, de 1887, leva adiante as ideias da obra anterior. Porém, aprofunda a sua crítica através da proposta de um método genealógico. Nietzsche mostra que os conceitos e valores tradicionais da moral não são universais e nem estabelecidos objetivamente. Têm suas origens em um momento histórico determinado, em uma cultura específica, e servem a certos interesses e propósitos que, no desenvolvimento da tradição, acabam por ficar "esquecidos". O método genealógico busca recuperar essas origens e desmascarar a aparente objetividade dos valores e conceitos, o que acontece em casos como o da "moral do rebanho" da tradição judaico-cristã, que impõe valores como compaixão e submissão aos fortes como forma de dominá-los. Sem se caracterizar como uma análise histórica, esse método procura revelar, através de uma análise crítica, pressupostos e elementos subjacentes da tradição, assim como o seu processo de formação.

Em *Ecce Homo* (1888), Nietzsche caracteriza a *Genealogia da moral* como composta de três dissertações. A primeira consiste em uma psicologia do cristianismo "nascido do espírito do ressentimento e não, como se supõe, do Espírito, um movimento contrário em sua essência, uma grande rebelião contra a dominação dos valores nobres".

2. Todo o respeito, portanto, aos bons espíritos que acaso habitem esses historiadores da moral! Mas infelizmente é certo que lhes falta o próprio *espírito histórico*, que foram abandonados precisamente pelos bons espíritos da história! Todos eles pensam, como é velho costume entre filósofos, de maneira *essencialmente* a-histórica; quanto a isso não há dúvida. O caráter tosco da sua genealogia da moral se evidencia já no início, quando se trata de investigar a

origem do conceito e do juízo "bom". "Originalmente" – assim eles decretam – "as ações não egoístas foram louvadas e consideradas boas por aqueles aos quais eram feitas, aqueles aos quais eram *úteis*; mais tarde foi *esquecida* essa origem do louvor, e as ações não egoístas, pelo simples fato de terem sido *costumeiramente* tidas como boas, foram também sentidas como boas – como se em si fossem algo bom." Logo se percebe: esta primeira dedução já contém todos os traços típicos da idiossincrasia dos psicólogos ingleses – temos aí "a utilidade", "o esquecimento", "o hábito" e por fim "o erro", tudo servindo de base a uma valoração da qual o homem superior até agora teve orgulho, como se fosse um privilégio do próprio homem. Este orgulho *deve* ser humilhado, e esta valoração desvalorizada: isso foi feito?... Para mim é claro, antes de tudo, que essa teoria busca e estabelece a fonte do conceito "bom" no lugar errado: o juízo "bom" *não* provém daqueles aos quais se fez o "bem"! Foram os "bons" mesmos, isto é, os nobres, poderosos, superiores em posição e pensamento, que sentiram e estabeleceram a si e a seus atos como bons, ou seja, de primeira ordem, em oposição a tudo que era baixo, de pensamento baixo, e vulgar e plebeu. Desse *pathos da distância* é que eles tomaram para si o direito de criar valores, cunhar nomes para os valores: que lhes importava a utilidade! Esse ponto de vista da utilidade é o mais estranho e inadequado, em vista de tal ardente manancial de juízos de valor supremos, estabelecedores e definidores de hierarquias: aí o sentimento alcançou bem o oposto daquele baixo grau de calor que toda prudência calculadora, todo cálculo de utilidade pressupõe – e não por uma vez, não por uma hora de exceção, mas permanentemente. O *pathos* da nobreza e da distância, como já disse, o duradouro, dominante sentimento global de uma elevada estirpe senhorial, em sua relação com uma estirpe baixa, com um "sob" – eis a origem da oposição "bom" e "ruim". (O direito senhorial de dar nomes vai tão longe, que nos permitiríamos conceber a própria origem da linguagem como expressão de poder dos senhores: eles dizem "isto *é* isto", marcam cada coisa e acontecimento com um som, como que *apropriando-se* assim das coisas.) Devido a essa providência, já em princípio a palavra "bom" *não é* ligada necessariamente a ações "não egoístas", como quer a superstição daqueles genealogistas da moral. É somente com um *declínio* dos juízos de valor aristocráticos que essa oposição "egoísta" e "não egoísta" se impõe mais e mais à consciência humana – é, para utilizar minha linguagem, o *instinto de rebanho*, que com ela toma finalmente a palavra (e *as palavras*). E mesmo então demora muito, até que esse instinto se torne senhor de maneira tal que a valoração moral fique presa e imobilizada nessa oposição (como ocorre, por exemplo, na Europa de hoje: nela, o preconceito que vê equivalência entre "moral", "não egoísta" e "*désintéréssé*" já predomina com a violência de uma "ideia fixa" ou doença do cérebro).

Nietzsche

3. Mas em segundo lugar: não considerando o fato de que essa hipótese sobre a origem do juízo de valor "bom" é historicamente insustentável, em si mesma ela sofre de um contrassenso psicológico. A utilidade da ação não egoísta seria a causa da sua aprovação, e esta causa teria sido *esquecida* – como é *possível* tal esquecimento? A utilidade dessas ações teria deixado de existir? Ao contrário: essa utilidade foi experiência cotidiana em todas as épocas, portanto algo continuamente enfatizado; logo, em vez de desaparecer da consciência, em vez de tornar-se olvidável, deveria firmar-se na consciência com nitidez sempre maior. Bem mais razoável é a teoria oposta (nem por isso mais verdadeira), defendida por Herbert Spencer, por exemplo: que estabelece o conceito "bom" como essencialmente igual a "útil", "conveniente", de modo que nos conceitos "bom" e "ruim" a humanidade teria sumariado e sancionado justamente as suas experiências *inesquecidas* e *inesquecíveis* acerca do útil-conveniente e do nocivo-inconveniente. Bom é, segundo essa teoria, o que desde sempre demonstrou ser útil: assim pode requerer validade como "valioso no mais alto grau", "valioso em si". Também essa via de explicação é errada, como disse, mas ao menos a explicação mesma é razoável e psicologicamente sustentável.

4. A indicação do caminho *certo* me foi dada pela seguinte questão: que significam exatamente, do ponto de vista etimológico, as designações para "bom" cunhadas pelas diversas línguas? Descobri então que todas elas remetem à mesma *transformação conceitual* – que, em toda parte, "nobre", "aristocrático", no sentido social, é o conceito básico a partir do qual necessariamente se desenvolveu "bom", no sentido de "espiritualmente nobre", "aristocrático", de "espiritualmente bem-nascido", "espiritualmente privilegiado": um desenvolvimento que sempre corre paralelo àquele outro que faz "plebeu", "comum", "baixo" transmutar-se finalmente em "ruim". O exemplo mais eloquente deste último é o próprio termo alemão *schlecht* [ruim], o qual é idêntico a *schlicht* [simples] – confiram-se *schlechtweg, schlechterdings* [ambos "simplesmente"] – e originalmente designava o homem simples, comum, ainda sem olhar depreciativo, apenas em oposição ao nobre. Mais ou menos ao tempo da Guerra dos Trinta Anos, ou seja, bastante tarde, este sentido modificou-se no sentido atual. – Esta me parece uma percepção *essencial,* no que toca a uma genealogia da moral; que tenha surgido tão tarde deve-se ao efeito inibidor que no mundo moderno exerce o preconceito democrático, no tocante a qualquer questão relativa às origens. E isso até mesmo no aparentemente tão objetivo campo da ciência natural e da fisiologia, no que me limitarei a esta alusão. Mas o dano que esse preconceito, exacerbado até o ódio, pode ocasionar acima de tudo para a moral e o estudo da história, mostra-se no famigerado caso de Buckle; em que o *plebeísmo* do espírito moderno, de ascendência inglesa, irrompeu uma vez mais no seu solo natal, impetuoso como um vulcão de lama, e com aquela eloquência excessiva, rumorosa, vulgar, com a qual sempre falaram os vulcões.

...

9. "Mas que quer ainda você com ideais *mais nobres*! Sujeitemo-nos aos fatos: o povo venceu – ou 'os escravos', ou 'a plebe', ou 'o rebanho', ou como quiser chamá-lo – se isto aconteceu graças aos judeus, muito bem!, jamais um povo teve missão maior na história universal. 'Os senhores' foram abolidos; a moral do homem comum venceu. Ao mesmo tempo, essa vitória pode ser tomada como um envenenamento do sangue (ela misturou entre si as raças) – não contesto; mas indubitavelmente essa intoxicação foi *bem-sucedida*. A 'redenção' do gênero humano (do jugo dos 'senhores') está bem encaminhada; tudo se judaíza, cristianiza, plebeíza visivelmente (que importam as palavras!). A marcha desse envenenamento através do corpo inteiro da humanidade parece irresistível, sua cadência e seu passo podem inclusive ser mais lentos doravante, mais refinados, cautelosos, inaudíveis – há tempo bastante... Ainda possui a Igreja, a este propósito, uma tarefa *necessária* a cumprir, um direito à existência? *Quaeritur* [Pergunta-se]. Estaria ela moderando e obstruindo essa marcha, em vez de acelerá-la? Ora, esta bem poderia ser sua utilidade... Sem dúvida ela é, afinal, algo grosseiro e rústico, que repugna a uma inteligência mais delicada, a um gosto propriamente moderno. Não deveria ao menos refinar-se um pouco?... Atualmente, ela afasta mais do que seduz... Qual de nós seria livre-pensador, se não houvesse a Igreja? A Igreja é que nos repugna, *não* o seu veneno... Não considerando a Igreja, também nós amamos o veneno..." – este o epílogo de um "livre-pensador" à minha fala, um animal honesto, como bem notamos, além disso um democrata; até então me havia escutado, e não resistiu ao me ver calar. Pois neste ponto tenho muito o que calar.

10. A rebelião escrava na moral começa quando o próprio ressentimento se torna criador e gera valores: o ressentimento dos seres aos quais é negada a verdadeira reação, a dos atos, e que apenas por uma vingança imaginária obtêm reparação. Enquanto toda moral nobre nasce de um triunfante Sim a si mesma, já de início a moral escrava diz Não a um "fora", um "outro", um "não-eu" – e *este* Não é seu ato criador. Esta inversão do olhar que estabelece valores – este *necessário* dirigir-se para fora, em vez de voltar-se para si – é algo próprio do ressentimento: a moral escrava sempre requer, para nascer, um mundo oposto e exterior, para poder agir em absoluto – sua ação é no fundo reação. O contrário sucede no modo de valoração nobre: ele age e cresce espontaneamente, busca seu oposto apenas para dizer Sim a si mesmo com ainda maior júbilo e gratidão – seu conceito negativo, o "baixo", "comum", "ruim", é apenas uma imagem de contraste, pálida e posterior, em relação ao

conceito básico, positivo, inteiramente perpassado de vida e paixão, "nós, os nobres, nós, os bons, os belos, os felizes!". Quando o modo de valoração nobre se equivoca e peca contra a realidade, isso ocorre com relação à esfera que não lhe é familiar, que ele inclusive se recusa bruscamente a conhecer: por vezes não reconhece a esfera por ele desprezada, a do homem comum, do povo baixo; por outro lado, considere-se que o afeto do desprezo, do olhar de cima para baixo, do olhar superiormente, a supor que *falseie* a imagem do desprezado, em todo caso estará muito longe do falseamento com que o ódio entranhado, a vingança do impotente, atacará – *in effigie*, naturalmente – o seu adversário. De fato, no desprezo se acham mescladas demasiada negligência, demasiada ligeireza, desatenção e impaciência, mesmo demasiada alegria consigo, para que ele seja capaz de transformar seu objeto em monstro e caricatura. Não deixemos de notar as quase benévolas nuances que a aristocracia grega, por exemplo, põe em todas as palavras com que distingue de si mesma o povo baixo; como nelas continuamente se mescla, açucarando-as, uma espécie de lamento, consideração, indulgência, a ponto de quase todas as palavras que aludem ao homem comum terem enfim permanecido como expressões para "infeliz", "lamentável" (cf. δειλός, δείλαιος, πονηρός ηοχθηρός* [temeroso, infeliz, sofredor, mísero], as duas últimas caracterizando-o verdadeiramente como escravo do trabalho e besta de carga) – como, por outro lado, "ruim", "baixo", "infeliz" nunca deixaram de soar aos ouvidos gregos em *um* tom, com um timbre no qual "infeliz" predomina: isto como herança do antigo e mais nobre modo de valoração aristocrático, que também no desprezo não nega a si mesmo (– aos filólogos seja lembrado em que sentido são usados ὀιζυρός, ἄνολβος, τλήμων, δνστυχεῖν, ξυμφορά** [deplorável, pobre, miserável, ser infortunado, desgraça]). Os "bem-nascidos" se *sentiam* mesmo como os "felizes"; eles não tinham de construir artificialmente a sua felicidade, de persuadir-se dela, *menti-la* para si, por meio de um olhar aos seus inimigos (como costumam fazer os homens do ressentimento); e do mesmo modo, sendo homens plenos, repletos de força e portanto *necessariamente* ativos, não sabiam separar a felicidade da ação – para eles, ser ativo é parte necessária da felicidade (nisso tem origem εὖ πράττειν*** [fazer bem: estar bem!) – tudo isso o oposto da felicidade no nível dos impotentes, oprimidos, achacados por sentimentos hostis e venenosos, nos quais ela aparece essencialmente como narcose, entorpecimento, sossego, paz, "sabbat", distensão do ânimo e relaxamento dos membros, ou, numa palavra, *passivamente*. Enquanto o homem nobre vive com confiança e franqueza diante de si mesmo

---

* Respectivamente, *deilós, deílaios, ponerós* e *mokhtherós*. (N.T.)
** Respectivamente *oixyrós, ánolbos, tlémon, dystyxein* e *xymphorá*. (N.T.)
*** *Eú práttein*. (N.T.)

(γεvvαιος*, "nobre de nascimento", sublinha a nuance de "sincero", e talvez também "ingênuo"), o homem do ressentimento não é franco, nem ingênuo, nem honesto e reto consigo. Sua alma *olha de través*; ele ama os refúgios, os subterfúgios, os caminhos ocultos, tudo escondido lhe agrada como seu mundo, sua segurança, seu bálsamo; ele entende do silêncio, do não esquecimento, da espera, do momentâneo apequenamento e da humilhação própria. Uma raça de tais homens do ressentimento resultará necessariamente mais inteligente que qualquer raça nobre, e venerará a inteligência numa medida muito maior: a saber, como uma condição de existência de primeira ordem, enquanto para os homens nobres ela facilmente adquire um gosto sutil de luxo e refinamento – pois neles ela está longe de ser tão essencial quanto a completa certeza de funcionamento dos instintos reguladores *inconscientes*, ou mesmo uma certa imprudência, como a valente precipitação, seja ao perigo, seja ao inimigo, ou aquela exaltada impulsividade na cólera, no amor, na veneração, gratidão, vingança, na qual se têm reconhecido os homens nobres de todos os tempos. Mesmo o ressentimento do homem nobre, quando nele aparece, se consome e se exaure numa reação imediata, por isso não envenena: por outro lado, nem sequer aparece, em inúmeros casos em que é inevitável nos impotentes e fracos. Não conseguir levar a sério por muito tempo seus inimigos, suas desventuras, seus *malfeitos* inclusive – eis o indício de naturezas fortes e plenas, em que há um excesso de força plástica, modeladora, regeneradora, propiciadora do esquecimento (no mundo moderno, um bom exemplo é Mirabeau, que não tinha memória para os insultos e baixezas que sofria, e que não podia descul- par, simplesmente porque – esquecia). Um homem tal sacode de si, com *um* movimento, muitos vermes que em outros se enterrariam; apenas neste caso é possível, se for possível em absoluto, o autêntico "amor aos inimigos". Quanta reverência aos inimigos não tem um homem nobre! – e tal reverência é já uma ponte para o amor... Ele reclama para si seu inimigo como uma distinção, ele não suporta inimigo que não aquele no qual nada existe a desprezar, e *muito* a venerar! Em contrapartida, imaginemos "o inimigo" tal como o concebe o homem do ressentimento – e precisamente nisso está seu feito, sua cria- ção: ele concebeu "o inimigo mau", "o mau", e isto como conceito básico, a partir do qual também elabora, como imagem equivalente, um "bom" – ele mesmo!...

---

* *Ghennaĩos*. (N.T.)

GENEALOGIA DA MORAL
Segunda dissertação

A segunda dissertação aborda a "psicologia da consciência", não como sendo "a voz de Deus no homem", mas o instinto de crueldade que se volta para dentro quando não se pode exteriorizá-lo. "A crueldade é revelada, pela primeira vez, como um dos mais antigos e mais indispensáveis elementos na fundação da cultura." A terceira é uma resposta à questão sobre a origem do terrível poder do ideal ascético. "Trata-se de três 'aberturas' psicológicas decisivas que precedem a transvaloração de todos os valores."

2. Esta é a longa história da origem da *responsabilidade*. A tarefa de criar um animal capaz de fazer promessas, já percebemos, traz consigo, como condição e preparação, a tarefa mais imediata de tornar o homem até certo ponto necessário, uniforme, igual entre iguais, constante, e portanto confiável. O imenso trabalho daquilo que denominei "moralidade do costume" (cf. *Aurora*, §9, 14, 16) – o autêntico trabalho do homem em si próprio, durante o período mais longo da sua existência, todo esse trabalho *pré-histórico* encontra nisto seu sentido, sua justificação, não obstante o que nele também haja de tirania, dureza, estupidez e idiotismo: com ajuda da moralidade do costume e da camisa de força social, o homem foi realmente *tornado* confiável. Mas coloquemo-nos no fim do imenso processo, ali onde a árvore finalmente sazona seus frutos, onde a sociedade e sua moralidade do costume finalmente trazem à luz aquilo para o qual eram apenas o meio: encontramos então, como o fruto mais maduro da sua árvore, o *indivíduo soberano*, igual apenas a si mesmo, novamente liberado da moralidade do costume, indivíduo autônomo supramoral (pois "autônomo" e "moral" se excluem), em suma, o homem da vontade própria, duradoura e independente, o que pode *fazer promessas* – e nele encontramos, vibrante em cada músculo, uma orgulhosa consciência *do que* foi finalmente alcançado e está nele encarnado, uma verdadeira consciência de poder e liberdade, um sentimento de realização. Este liberto ao qual é *permitido* prometer, este senhor do *livre*-arbítrio, este soberano – como não saberia ele da superioridade que assim possui sobre todos os que não podem prometer e responder por si, quanta confiança, quanto temor, quanta reverência desperta – ele *"merece"* as três coisas – e como, com esse domínio sobre si, lhe é dado também o domínio sobre as circunstâncias, sobre a natureza e todas as criaturas menos seguras e mais pobres de vontade? O homem "livre", o possuidor de uma duradoura e inquebrantável vontade, tem nesta posse a sua *medida de valor*: olhando para os outros a partir de si, ele honra ou despreza; e tão necessariamente quanto honra os seus iguais, os fortes e confiáveis (os que *podem* prometer) – ou seja, todo aquele que promete como um soberano, de modo raro, com peso e lentidão, e que é avaro com sua confiança, que *distingue* quando confia, que dá sua palavra como algo seguro, porque sabe que é forte o bastante para mantê-la contra o que for adverso, mesmo "contra o destino" –: do mesmo modo ele reservará seu pontapé para os débeis doidivanas que prometem quando não podiam fazê-lo, e o seu chicote para o mentiroso que quebra a palavra já no instante em que a pronuncia. O orgulhoso conhecimento do privilégio extraordinário da *responsabilidade*, a consciência dessa rara liberdade, desse poder sobre si mesmo e o destino, desceu nele até sua mais íntima profundeza e tornou-se instinto, instinto dominante – como chamará ele a esse instinto dominante, supondo que necessite de uma palavra para ele? Mas não há dúvida: este homem soberano o chama de sua *consciência* ...

3. Sua consciência?... Já se percebe que o conceito de "consciência", com que deparamos aqui em sua manifestação mais alta, quase desconcertante, tem uma longa história e variedade de formas atrás de si. Poder responder por si, e com orgulho, ou seja, poder também *dizer Sim a si mesmo* – isto é, como disse, um fruto maduro, mas também um fruto *tardio*: quanto tempo teve esse fruto que pender da árvore, acre e amargo! E por um tempo ainda mais longo nada se podia ver desse fruto – ninguém podia prometê-lo, embora tudo na árvore estivesse preparado e crescesse justamente em vista dele! – "Como fazer no bicho-homem uma memória? Como gravar algo indelével nessa inteligência voltada para o instante, meio obtusa, meio leviana, nessa encarnação do esquecimento?"... Esse antiquíssimo problema, pode-se imaginar, não foi resolvido exatamente com meios e respostas suaves; talvez nada exista de mais terrível e inquietante na pré-história do homem do que a sua *mnemotécnica*. "Grava-se algo a fogo, para que fique na memória: apenas o que não cessa de *causar dor* fica na memória" – eis um axioma da mais antiga (e infelizmente mais duradoura) psicologia da terra. Pode-se mesmo dizer que em toda parte onde, na vida de um homem e de um povo, existem ainda solenidade, gravidade, segredo, cores sombrias, *persiste* algo do terror com que outrora se prometia, se empenhava a palavra, se jurava: é o passado, o mais distante, duro, profundo passado, que nos alcança e que reflui dentro de nós, quando nos tornamos "sérios". Jamais deixou de haver sangue, martírio e sacrifício, quando o homem sentiu a necessidade de criar em si uma memória; os mais horrendos sacrifícios e penhores (entre eles o sacrifício dos primogênitos), as mais repugnantes mutilações (as castrações, por exemplo), os mais cruéis rituais de todos os cultos religiosos (todas as religiões são, no seu nível mais profundo, sistemas de crueldades) –

tudo isso tem origem naquele instinto que divisou na dor o mais poderoso auxiliar da mnemônica. Em determinado sentido isso inclui todo o ascetismo: algumas ideias devem se tornar indeléveis, onipresentes, inesquecíveis, "fixas", para que todo o sistema nervoso e intelectual seja hipnotizado por essas "ideias fixas" – e os procedimentos e modos de vida ascéticos são meios para livrar tais ideias da concorrência de todas as demais, para fazê-las "inesquecíveis". Quanto pior "de memória" a humanidade, tanto mais terrível o aspecto de seus costumes; em especial a dureza das leis penais nos dá uma medida do esforço que lhe custou vencer o esquecimento e manter *presentes*, nesses escravos momentâneos do afeto e da cobiça, algumas elementares exigências do convívio social. ...

QUESTÕES E TEMAS PARA DISCUSSÃO

1. Por que para Nietzsche é necessária uma crítica da tradição quanto aos valores morais?
2. Como Nietzsche entende que tal análise deve ser feita?
3. Como ele caracteriza os "preconceitos dos filósofos"?
4. Qual a crítica de Nietzsche ao objetivo dos filósofos de "fundamentar a moral"?
5. Como se pode entender o "método genealógico" de Nietzsche?

LEITURAS SUGERIDAS

Nelson Boeira, *Nietzsche,* Rio de Janeiro, Zahar, 2002, col. Passo-a-Passo.

Oswaldo Giacóia, *Labirintos da alma: Nietzsche e a supressão da moral,* Campinas, Unicamp, 1997.

_____, *Nietzsche e Para além de bem e mal,* Rio de Janeiro, Zahar, 2002, col. Passo-a-Passo.

Ronald Hayman, *Nietzsche,* São Paulo, Unesp, 1999.

Scarlet Marton, *Nietzsche*, São Paulo, Brasiliense, 1999.

_____, *Nietzsche: das forças cósmicas aos valores humanos*, Belo Horizonte, UFMG, 2000.

Friedrich Nietzsche, *Além do bem e do mal: prelúdio a uma filosofia do futuro,* São Paulo, Companhia das Letras, 1992.

_____, *Genealogia da moral: uma polêmica*, São Paulo, Companhia das Letras, 1998.

STUART MILL

Outilitarismo como corrente de pensamento no campo da ética e da filosofia política tem sua origem principalmente nas ideias do pensador francês Claude-Adrien Helvétius (1715-71) e do inglês Jeremy Bentham (1748-1832), este influenciado por Helvétius. Esses pensadores formularam o "princípio de utilidade" como critério do valor moral de um ato. De acordo com este princípio universal, o bem seria aquilo que maximiza o benefício e reduz a dor ou o sofrimento. Terão mais valor de um ponto de vista ético, portanto, as ações que beneficiarem o maior número de pessoas possível. Trata-se de uma concepção que avalia o caráter ético de uma atitude a partir do ponto de vista de suas consequências ou resultados. Este princípio difundiu-se bastante no século XVIII, durante o Iluminismo, por ir ao encontro de um projeto de reforma social. Constitui-se ao mesmo tempo em um princípio de aplicação prática, inspirando inclusive a Revolução Francesa (1789), que chegou a conceder a Bentham o título de "cidadão honorário". O útil (*useful*) é entendido como aquilo que contribui para o bem-estar geral. No entanto, o utilitarismo foi bastante criticado por pensadores racionalistas, por exemplo, Kant, adversário da ética das consequências.

O filósofo, pensador político e ativista liberal inglês John Stuart Mill (1806-73) foi um dos maiores defensores do utilitarismo no século XIX. Foi o primeiro a de fato usar este termo, procurando argumentar contra seus críticos, sobretudo em sua principal obra de ética, intitulada precisamente *Utilitarismo* [*Utilitarianism*], de 1863. Influenciado em sua educação pelas ideias de Helvétius e Bentham, de quem era afilhado, Mill retoma-as e desenvolve-as em sua obra teórica e na militância liberal.

Nem sempre, contudo, os argumentos em defesa das noções de prazer e felicidade ficam muito explícitos, assim como não fica suficientemente claro como se dá a passagem do prazer, ou da realização, individual para o bem comum, o que tem suscitado um grande debate em torno das ideias utilitaristas até nossos dias.

Para Mill, o princípio da máxima felicidade é universal, porém ele considerava que apenas a partir de determinados contextos históricos é possível decidir como aplicá-lo e definir que tipo de liberdade e direitos devem ser defendidos. A autopreservação é igualmente um princípio universal e por vezes surge o conflito sobre como conciliar o bem comum e os interesses individuais.

A influência do utilitarismo no século XX foi grande, permanecendo como uma das principais correntes contemporâneas no campo da ética e tendo inspirado concepções políticas como a de "bem-estar social" e conceitos como o de "maximização do benefício".

UTILITARISMO
O que é o utilitarismo?

> Publicada inicialmente em 1861, em capítulos, na *Frazer's Magazine*, e depois, em 1863, sob forma de livro com o título *Utilitarianism*, essa obra tornou-se a principal formulação clássica da ética e da filosofia política utilitarista. No capítulo do qual selecionamos as passagens que se seguem, Mill formula uma definição de utilitarismo e propõe alguns esclarecimentos com o objetivo de responder a objeções tradicionais contra essa filosofia.

" Uma simples observação deveria bastar contra a confusão dos ignorantes que supõem que aqueles que defendem a utilidade como teste do certo e do errado usam este termo no sentido restrito e meramente coloquial em que o útil se opõe ao prazer. Devemos desculpas aos filósofos opositores do utilitarismo por confundi-los, ainda que momentaneamente, com pessoas capazes de uma concepção tão absurdamente errada; o que se torna ainda mais extraordinário na medida em que a acusação contrária, de remeter tudo ao prazer, e isso da forma mais grosseira, é uma das mais comuns contra o utilitarismo. ... Aqueles que sabem um pouco sobre essa questão estão cientes de que todos os autores, de Epicuro a Bentham, que defenderam o princípio da utilidade o entenderam não como algo a ser contraposto ao prazer, mas sim como o próprio prazer, juntamente com a ausência de dor. E ao invés de opor o útil ao agradável ou ao ornamental, sempre declararam que o útil também significa essas entre outras coisas. E, contudo, o rebanho, inclusive o "rebanho dos escritores", não apenas em jornais e outros periódicos, mas em livros de peso e pretensão, estão perpetuamente cometendo este erro superficial. Tomam a palavra utilidade e não sabem sobre ela nada além de seu som. Habitualmente, expressam por meio dela a rejeição, ou o descuido, do prazer em algumas de suas formas: a beleza, o ornamento, a diversão. E o termo não é apenas mal aplicado por ignorância em sentido depreciativo, mas ocasionalmente até mesmo como um cumprimento, como se significasse algo de superior à frivolidade ou aos meros prazeres momentâneos. Este uso pervertido é o único pelo qual essa palavra é popularmente conhecida, e é desse uso que a nova geração está adquirindo seu único entendimento desta palavra.

...

O credo que aceita como fundamento da moral o Útil ou Princípio da Máxima Felicidade, considera que uma ação é correta na medida em que tende a promover a felicidade, e errada quando tende a gerar o oposto da felicidade. Por felicidade entende-se o prazer e a ausência da dor; por infelicidade, dor, ou privação do prazer. Para proporcionar uma visão mais clara do padrão moral estabelecido por essa teoria, é preciso dizer muito mais; em particular, o que as ideias de dor e prazer incluem e até que ponto essa questão fica em aberto. Mas as explicações suplementares não afetam a concepção de vida em que essa teoria da moral se fundamenta: a saber, que o prazer e a ausência de dor são as únicas coisas desejáveis como fim, e que todas as coisas desejáveis (que são numerosas no esquema utilitarista, como em qualquer outro) o são ou porque o prazer é inerente a elas, ou porque consistem em meios de promover o prazer e evitar a dor.

...

De acordo com o Princípio da Máxima Felicidade, explicado anteriormente, o fim último, com referência ao qual todas as coisas são desejáveis (seja quando consideramos o nosso próprio bem ou o de outras pessoas), traduz-se em uma existência livre, tanto quanto possível, de dor e o mais rica possível em prazeres, tanto em relação à quantidade como à qualidade. O teste da qualidade e a medida pela qual a comparamos à quantidade consistem na preferência daqueles que em suas oportunidades de experimentar, à qual devem ser acrescentados seus hábitos de autoconsciência e de autoinspeção, são mais favorecidos com os meios de comparação. Sendo esta, de acordo com a opinião utilitarista, a finalidade de toda ação humana, trata-se também necessariamente do padrão de moralidade, que pode ser definido da seguinte maneira: as regras e preceitos para a conduta humana, cuja observância garante uma existência tal como descrevemos para toda a humanidade, devem também ser estendidos a todos os seres da criação dotados de sensibilidade, conforme suas naturezas permitam.

...

Devo mais uma vez repetir (o que aqueles que atacam o utilitarismo raramente fazem a justiça de reconhecer) que a felicidade que constitui o padrão do utilitarismo sobre o que é certo na conduta não é apenas a satisfação do próprio agente, mas a de todos os envolvidos. Entre a sua própria felicidade e a dos outros, o utilitarismo requer que a pessoa seja estritamente imparcial, como um espectador benevolente e desinteressado. Na regra de ouro de Jesus de Nazaré podemos encontrar o espírito da ética utilitarista em sua plenitude. Fazer aos outros o que gostaríamos que nos fosse feito e amar o próximo como a nós próprios constituem a perfeição ideal da moral utilitarista. Para melhor nos aproximarmos desse ideal, o útil estabelece que as leis e acordos sociais devem colocar em primeiro lugar a felicidade, ou (como também se pode dizer em um sentido prático) o interesse de cada indivíduo tanto quanto possível em harmonia com o interesse da totalidade; e, em segundo lugar, a educação e a opinião, que têm tão grande poder sobre o caráter humano, devem usar esse poder para estabelecer na mente de cada indivíduo uma associação indissolúvel entre a sua felicidade e o bem de todos; especialmente entre a sua felicidade e os modos de conduta, negativos e positivos, que a preocupação com a felicidade universal prescreve, de tal modo que seria para ele inconcebível a possibilidade de obter felicidade para si próprio com uma conduta oposta ao bem comum. Mas também de forma que o impulso direto de promover o bem de todos seja em cada indivíduo um dos motivos habituais da ação, e os sentimentos ligados a isso possam ter um papel amplo e proeminente na existência sensível de cada ser humano. Se os adversários da moral do utilitarismo a representarem em suas mentes com seu verdadeiro caráter, não sei que recomendação encontrada em outra concepção moral poderia faltar ao utilitarismo; que desenvolvimentos da natureza humana mais belos e mais elevados pode-se supor que algum outro sistema ético promova; ou de que outras fontes de ação, não acessíveis ao utilitarismo, tais sistemas dependeriam para tornar eficazes os seus mandamentos. **"**

QUESTÕES E TEMAS PARA DISCUSSÃO

1. Como podemos entender o significado geral do princípio de utilidade?
2. Em que sentido a felicidade é o critério da ação moral para os utilitaristas?
3. De que maneira se relacionam a felicidade individual e o bem coletivo para os utilitaristas?
4. Em que sentido o Princípio da Máxima Felicidade é um princípio universal?

LEITURAS SUGERIDAS

John Stuart Mill, *O utilitarismo*, São Paulo, Iluminuras, 2000.
_____, *A liberdade / utilitarismo*, São Paulo, Martins Fontes, 2000.
Luis Alberto Peluso (org.), *Ética e utilitarismo*, Campinas, Alínea, 1998.

WEBER

O pensador alemão Max Weber (1864-1920) foi um dos fundadores das ciências sociais contemporâneas. Suas obras representam uma importante contribuição ao pensamento político e econômico, à história e à filosofia, sobretudo à ética, sendo o clássico *A ética protestante e o espírito do capitalismo* (1905) provavelmente seu livro mais conhecido neste campo.

Um dos temas centrais da análise sociológica e política de Weber é precisamente a questão dos limites da responsabilidade moral, derivado de seu interesse pela influência do protestantismo, sobretudo calvinista, na formação da sociedade e da cultura europeias desde o século XVI.

Em sua discussão sobre a formação da sociedade moderna, Weber examina a importância do cálculo racional na tomada de decisão, quando se avaliam os melhores meios de se alcançar um objetivo e se discute a eficiência como critério para a determinação dos resultados das ações sociais. A questão da contribuição do progresso técnico e científico à sociedade ocupa igualmente um lugar central na análise de Weber.

É também de grande importância a distinção teórica e metodológica que faz entre as ciências naturais e as sociais, uma das discussões mais controvertidas da filosofia da ciência do século XX.

As reflexões supostamente pessimistas de Weber devem ser situadas no quadro sombrio em termos sociais, políticos e econômicos tanto da Europa às vésperas da Primeira Guerra Mundial quanto, logo em seguida, da crise alemã no pós-guerra.

CIÊNCIA E POLÍTICA: DUAS VOCAÇÕES
A política como vocação

Essa obra reúne o conteúdo de duas conferências sobre vocação política apresentadas aos estudantes da Universidade de Munique em 1919. Selecionei um texto da segunda delas, "A política como vocação", em que Weber formula sua célebre distinção entre uma ética da convicção (*Gesinnungsethik*) e uma ética da responsabilidade (*Verantwortungsethik*).

Weber contrasta, inicialmente, a situação política da Alemanha com a de outros países europeus, em especial a Inglaterra, com nações do Oriente e, sobretudo, com os Estados Unidos, analisando as características específicas e a formação do sistema político de cada um deles. Em seguida, questiona a relação entre ética e política. Haveria uma especificidade da ética na política? É neste contexto e para tentar responder a esta pergunta que estabelece a distinção entre uma ética da convicção e outra da responsabilidade.

Embora recorra, como ilustração, ao "Sermão da montanha" (*Evangelho segundo São Mateus*, 5, 38-42), para Weber a ética da convicção não é necessariamente religiosa: uma vez que se caracteriza essencialmente pelo compromisso com um conjunto de valores associados a determinadas crenças. Nesse caso, as intenções do agente são mais importantes que as considerações dos resultados e do sucesso de seus atos.

A ética da responsabilidade, ao contrário, valoriza sobretudo as consequências da ação e a relação entre meios e fins, com base nas quais um ato deve ser julgado como bom ou mau. Embora não obrigatoriamente se excluam, há situações em que as considerações das consequências e os compromissos com as convicções podem de fato entrar em conflito; então uma decisão deve ser tomada e uma das duas, prevalecer.

Weber foi um defensor da ética da responsabilidade, que considerava mais crítica, preocupada com a prática e adequada à tomada de decisões no mundo político, enquanto a ética da convicção tendia a ser mais rígida e dogmática.

E, então, que relações têm realmente a ética e a política? Não haverá qualquer ligação entre as duas, como já se afirmou em algumas ocasiões? Ou será verdade o oposto: que a ética da conduta política é idêntica à de qualquer outra conduta? Ocasionalmente, acreditou-se existir uma escolha exclusiva entre as duas proposições: uma delas deve ser a correta. Mas será verdade que qualquer ética do mundo poderia estabelecer mandamentos de conteúdo ideal para as relações eróticas, comerciais, familiares e oficiais; para as relações com nossa mulher, com o verdureiro, o filho, o réu? Será realmente tão pouco importante para as exigências éticas à política que esta opere com meios muito especiais, ou seja, o poder apoiado pela *violência*? Não vemos que os ideólogos bolchevistas e espartacistas provocam exatamente os mesmos resultados que qualquer ditador militarista, justamente porque usam esse meio político? Em que, a não ser nas pessoas dos detentores do poder e seu diletantismo, diferem o domínio dos conselhos de trabalhadores e soldados e o domínio de qualquer detentor do poder no velho regime? De que modo difere a polêmica da maioria dos representantes da ética presumidamente nova da ética dos adversários que criticavam, ou da ética de qualquer outro demagogo? Em sua nobre intenção, poder-se-á dizer. Bem! Mas é dos meios que falamos aqui, e os adversários, com sinceridade completa e subjetiva, pretendem, da mesma forma, que suas intenções últimas são de caráter elevado. "Quem com ferro fere com ferro será ferido", e a luta é a luta em toda parte. Daí a ética do "Sermão da montanha".

No "Sermão da montanha" vemos a ética absoluta do Evangelho, que é uma questão mais séria do que o acreditam as pessoas que gostam de citar hoje tais mandamentos. Esta ética não é brincadeira. O mesmo que se disse da causalidade na ciência se aplica a ela: não é um carro que podemos parar à vontade; é tudo ou nada. É precisamente esse o significado do Evangelho, para que dele não resultem trivialidades. Daí, por exemplo, ter sido dito do jovem rico: "Ele se foi em meio ao sofrimento, pois tinha muitas posses." O mandamento do evangelista, porém, é incondicional e sem ambiguidades: dá o que tens – absolutamente tudo. O político dirá que essa imposição é socialmente sem sentido, enquanto não for realidade em toda parte. Assim, o político defende a tributação, a tributação confiscatória, o confisco puro e simples – numa palavra, a coação e a regulamentação para todos. O mandamento ético, porém, não se preocupa com isso, e essa despreocupação é a sua essência. Ou tomemos o exemplo "ofereça a outra face": esse mandamento é incondicional e não duvida da fonte da autoridade que tem a outra pessoa para golpear. Exceto para um santo, é uma ética de indignidade. Eis aí: devemos ser santos em tudo; pelo menos na intenção, devemos viver como Jesus, os apóstolos, são Francisco e outros semelhantes. *Então* essa ética terá sentido e expressará um tipo de dignidade; de outra forma, tal não acontece. Já se disse, de acordo com a ética acósmica do amor, "não resistiu ao mal pela força"; para o político, a proposição inversa é que tem valor: "o mal *deve* ser resistido pela força", ou seremos responsáveis pela sua vitória. Quem desejar seguir a ética do Evangelho deve abster-se de golpes, pois eles significam a compulsão; pode ingressar nos sindicatos da companhia. Acima de tudo, não deve falar de "revolução". Afinal de contas, a ética do Evangelho não deseja ensinar que a guerra civil é a única legítima. O pacifista que segue o Evangelho se recusará a pegar em armas ou as lançará por terra. Na Alemanha, era esse o dever ético recomendado para acabar com a guerra e, portanto, com todas as guerras. O político dirá que a única forma segura de desacreditar a guerra para todo o futuro previsível seria uma paz do *status quo*. As nações teriam indagado, então, "para que esta guerra?" E a guerra teria sido argumentada *ad absurdum*, o que é hoje impossível. Para os vencedores, pelo menos para parte deles, a guerra terá sido politicamente lucrativa. E a responsabilidade disso cabe ao comportamento que nos impossibilitou qualquer resistência. E em consequência da ética do absolutismo, quando o período de exaustão tiver passado, *a paz estará desacreditada, não a guerra*.

Vejamos, finalmente, o dever da fidelidade. Para a ética absoluta, trata-se de um valor incondicional. Daí se ter chegado à decisão de publicar todos os documentos, especialmente os que colocavam a culpa em nosso próprio país. À base dessas publicações unilaterais, seguiram-se as confissões de culpa – e foram unilaterais, incondicionais e sem preocupação com as consequências. O político verá que em consequência a verdade não foi esclarecida, e sim certamente obscurecida pelo exagero e pelo despertar das paixões; somente uma investigação metódica completa pelos não participantes poderia ser proveitosa; qualquer outra medida pode ter consequências, para uma nação, impossíveis de remediar durante décadas. Mas a ética absoluta simplesmente não *pergunta* quais as "consequências". Esse ponto é decisivo.

Devemos ser claros quanto ao fato de que toda conduta eticamente orientada pode ser guiada por uma de duas máximas fundamental e irreconciliavelmente diferentes: a conduta pode ser orientada para uma "ética das últimas finalidades", ou para uma "ética da responsabilidade". Isto não é dizer que uma ética das últimas finalidades seja idêntica à irresponsabilidade, ou que a ética de responsabilidade seja idêntica ao oportunismo sem princípios. Naturalmente ninguém afirma isso. Há, porém, um contraste abismal entre a conduta que segue a máxima de uma ética dos objetivos finais – isto é, em termos religiosos, "o cristão faz o bem e deixa os resultados ao Senhor" – e a conduta que segue a máxima de uma responsabilidade ética, quando então se tem de prestar conta dos resultados previsíveis dos atos cometidos.

Pode-se demonstrar a um sindicalista convicto, partidário da ética dos objetivos finais, que seus atos resultarão num aumento das oportunidades de reação, na maior opressão de sua classe e na obstrução de sua ascensão – sem causar nele a menor impressão. Se uma ação de boa intenção leva a maus resultados, então, aos olhos do agente, não ele, mas o mundo, ou a estupidez dos outros homens, ou a vontade de Deus que assim os fez, é responsável pelo mal. Mas um homem que acredita numa ética da responsabilidade leva em conta precisamente as deficiências médias das pessoas; como Fichte disse corretamente, ele não tem nem mesmo o direito de pressupor sua bondade e perfeição. Não se sente em condições de onerar terceiros com os resultados de suas próprias ações, na medida em que as pôde prever. Dirá: esses resultados são atribuídos à minha ação. Quem acredita numa ética de objetivos finais só se sente responsável por fazer que a chama das intenções puras não seja sufocada: por exemplo, a chama do protesto contra a injustiça da ordem social. Reanimá-la sempre é o propósito de seus atos bastante irracionais, julgados à luz de seu possível êxito. São atos que só podem ter, e só terão, valor exemplar.

Mesmo nesse caso o problema ainda não está esgotado. Nenhuma ética do mundo pode fugir ao fato de que em numerosos casos a consecução de fins "bons" está limitada ao fato de que devemos estar dispostos a pagar o preço de usar meios moralmente dúbios, ou pelo menos perigosos – e enfrentar a possibilidade, ou mesmo a probabilidade, de ramificações daninhas. Nenhuma ética no mundo nos proporciona uma base para concluir quando, e em que proporções, a finalidade eticamente boa "justifica" os meios eticamente perigosos e suas ramificações. **"**

QUESTÕES E TEMAS PARA DISCUSSÃO

1. Para Weber, em que sentido devemos considerar o aspecto individual da ética em relação ao contexto social mais amplo?
2. Como Weber entende a relação entre ética e política?
3. Qual a importância da distinção entre ética da responsabilidade e ética da convicção?
4. Por que se pode dizer que Weber é um defensor da ética da responsabilidade?

LEITURAS SUGERIDAS

Donald Gunn Macrae, *As ideias de Weber*, São Paulo, Cultrix/USP, 1975.
Gabriel Cohn, *Crítica e resignação: Max Weber e a teoria social*, São Paulo, Martins Fontes, 2005.
_____, (org.), *Max Weber: sociologia*, São Paulo, Ática, 1982.
Jessé Souza, *A atualidade de Max Weber*, Brasília, UnB, 2000.
Maria Francesca Pinheiro Coelho (org.), *Política, ciência e cultura em Max Weber*, Brasília, UnB, 2000.
Max Weber, *Metodologia das ciências sociais*, Campinas, Cortez/Unicamp, 1992.
_____, *A ética protestante e o espírito do capitalismo*, São Paulo, Pioneira, 1996.
Reinhard Bendix, *Max Weber: um perfil intelectual*, Brasília, UnB, 1986.

FREUD

Sigmund Freud, nascido em 1856 na cidade de Freiberg, na Morávia, então parte do Império Austríaco, foi não só o criador da psicanálise, mas um pensador cujas ideias tiveram um profundo impacto nos campos da ciência, da filosofia, da religião e das artes. De origem judaica, Freud formou-se em medicina e especializou-se em psiquiatria, estudando em Viena e depois em Paris. Foi em Viena, capital do Império Austríaco e um dos grandes centros culturais do início do século XX, que Freud viveu a maior parte de sua vida profissional, onde desenvolveu seu trabalho clínico e formulou a teoria psicanalítica. Faleceu em Londres em 1939, onde se exilara para escapar da perseguição nazista.

Sua primeira obra de grande relevância foi a *Interpretação dos sonhos,* de 1900, em que encontramos a primeira formulação do conceito de inconsciente. Tal conceito, assim como a importância da interpretação dos sonhos como modo de acesso à linguagem do inconsciente e a discussão sobre o papel da sexualidade na natureza humana foram fatores determinantes na crítica aos pressupostos filosóficos do racionalismo moderno. Sobretudo o conceito tradicional de subjetividade, originário de Descartes – que se caracteriza pelo acesso privilegiado do sujeito pensante à sua própria consciência, à sua interioridade –, sofre um forte abalo com a teoria psicanalítica. Freud questiona a fundamentação dos valores éticos na razão e a possibilidade de justificação desses valores; o ideal de natureza humana que tem como pressupostos determinadas virtudes e também a consciência moral como instância central da decisão ética. Mostra que a ação humana não depende totalmente do controle racional e das deliberações conscientes do ser humano: ao contrário, é em grande parte determinada por elementos inconscientes, como instintos, desejos reprimidos e traumas, dos quais não nos damos conta ou não somos plenamente conscientes.

A concepção freudiana do aparelho psíquico como composto do *id* (ou *isso*), que corresponde ao inconsciente; do *ego* (ou *eu*), a consciência; e do

Freud

superego (ou *supereu*), a instância crítica, a autoridade externa, que inclui os valores morais, revolucionou a concepção tradicional de subjetividade e de consciência, assim como a discussão sobre a origem e os fundamentos da ética, desde a consciência moral até os valores.

O MAL-ESTAR NA CIVILIZAÇÃO
A consciência moral

> Essa obra, publicada em 1930 e escrita em Viena no contexto de crise política e econômica do período do entreguerras e pouco antes da ascensão dos nazistas ao poder, discute o conceito de civilização como resultado do controle sobre os instintos agressivos do ser humano e do conflito entre duas características da natureza humana: Eros, a força que leva à integração entre os homens, à formação da família e da sociedade, e Tânatos, o instinto de morte, que explica a agressividade e a destruição provocadas pelo homem. A culpa, portanto, é um dos instrumentos fundamentais pelos quais a civilização se constitui e funciona de modo a reprimir os impulsos agressivos do ser humano.
>
> No Capítulo VII, do qual selecionamos os textos a seguir, Freud examina a questão moral sob o ângulo do conflito entre essas duas forças.

❝❝Outra questão nos interessa mais de perto. Quais os meios que a civilização utiliza para inibir a agressividade que se lhe opõe, torná-la inócua ou, talvez, livrar-se dela? Já nos familiarizamos com alguns desses métodos, mas ainda não com aquele que parece ser o mais importante. Podemos estudá-lo na história do desenvolvimento do indivíduo. O que acontece neste para tornar inofensivo seu desejo de agressão? Algo notável, que jamais teríamos adivinhado e que, não obstante, é bastante óbvio. Sua agressividade é introjetada, internalizada; ela é, na realidade, enviada de volta para o lugar de onde proveio, isto é, dirigida no sentido de seu próprio ego. Aí, é assumida por uma parte do ego, que se coloca contra o resto do ego, como superego, e que então, sob a forma de "consciência", está pronta para pôr em ação contra o ego a mesma agressividade rude que o ego teria gostado de satisfazer sobre outros indivíduos, a ele estranhos. A tensão entre o severo superego e o ego, que a ele se acha sujeito, é por nós chamada de sentimento de culpa; expressa-se como uma necessidade de punição. A civilização, portanto, consegue dominar o perigoso desejo de agressão do indivíduo, enfraquecendo-o, desarmando-o e estabelecendo no seu interior um agente para cuidar dele, como uma guarnição numa cidade conquistada.

Quanto à origem do sentimento de culpa, as opiniões do analista diferem das dos outros psicólogos, embora também ele não ache fácil descrevê-la. Inicialmente, se perguntarmos como uma pessoa vem a ter sentimento de culpa, chegaremos a uma resposta indiscutível: uma pessoa sente-se culpada (os devotos diriam "pecadora") quando fez algo que sabe ser "mau". Reparamos, porém, como essa resposta nos diz pouco. Talvez, após certa hesitação, acrescentemos que, mesmo quando a pessoa não *fez* realmente uma coisa má, mas apenas identificou em si uma *intenção* de fazê-la, ela pode encarar-se como culpada. Surge então a questão de saber por que a intenção é considerada equivalente ao ato. Ambos os casos, contudo, pressupõem que já se tenha reconhecido que o que é mau é repreensível, é algo que não deve ser feito. Como se chega a esse julgamento? Podemos rejeitar a existência de uma capacidade original, por assim dizer, natural de distinguir o bom do mau. O que é mau, frequentemente, não é de modo algum o que é prejudicial ou perigoso ao ego; pelo contrário; pode ser algo desejável pelo ego e prazeroso para ele. Aqui, portanto, está em ação uma influência estranha, que decide o que deve ser chamado de bom ou mau. De uma vez que os próprios sentimentos de uma pessoa não a conduziram ao longo desse caminho, ela deve ter um motivo para submeter-se a essa influência estranha. Esse motivo é facilmente descoberto no desamparo e na dependência dela em relação a outras pessoas, e pode ser mais bem designado como medo da perda de amor. Se ela perde o amor de outra pessoa de quem é dependente, deixa também de ser protegida de uma série de perigos. Acima de tudo, fica exposta ao perigo de que essa pessoa mais forte mostre a sua superioridade sob forma de punição. De início, portanto, mau é tudo aquilo que, com a perda do amor, nos faz sentir ameaçados. Por medo dessa perda, deve-se evitá-lo. Essa também é a razão por que faz tão pouca diferença que já se tenha feito a coisa má ou apenas se pretenda fazê-la. Em qualquer um dos casos, o perigo só se instaura se e quando a autoridade descobri-lo, e, em ambos, a autoridade se comporta da mesma maneira.

Esse estado mental é chamado de "má consciência"; na realidade, porém, não merece esse nome, pois, nessa etapa, o sentimento de culpa é, claramente, apenas um medo da perda de amor, uma ansiedade "social". Em crianças, ele nunca pode ser mais do que isso, e em muitos adultos ele só se modifica até o ponto em que o lugar do pai ou dos dois genitores é assumido pela comunidade humana mais ampla. Por conseguinte, tais pessoas habitualmente se permitem fazer qualquer coisa má que lhes prometa prazer, enquanto se sentem seguras de que a autoridade nada saberá a respeito, ou não poderá culpá-las por isso; só têm medo de serem descobertas. A sociedade atual, geralmente, vê-se obrigada a levar em conta esse estado mental.

Uma grande mudança só se realiza quando a autoridade é internalizada através do estabelecimento de um superego. Os fenômenos da consciência atingem então um estágio mais elevado. Na realidade, só então devemos falar de consciência ou de sentimento de culpa. Nesse ponto, também, o medo de ser descoberto se extingue; além disso, a distinção entre fazer algo mau e desejar fazê-lo desaparece inteiramente, já que nada pode ser escondido do superego, sequer os pensamentos. É verdade que a seriedade da situação, de um ponto de vista real, se dissipou, pois a nova autoridade, o superego, ao que saibamos, não tem motivos para maltratar o ego, com o qual está intimamente ligado; contudo, a influência genética, que conduz à sobrevivência do que passou e foi superado, faz-se sentir no fato de, fundamentalmente, as coisas permanecerem como eram de início. O superego atormenta o ego pecador com o mesmo sentimento de ansiedade e fica à espera de oportunidades para fazê-lo ser punido pelo mundo externo.

Nesse segundo estágio de desenvolvimento, a consciência apresenta uma peculiaridade que se achava ausente do primeiro e que não é mais fácil de explicar, pois quanto mais virtuoso um homem é, mais severo e desconfiado é o seu comportamento, de maneira que, em última análise, são precisamente as pessoas que levaram mais longe a santidade as que se censuram da pior pecaminosidade. Isso significa que a virtude perde direito a uma certa parte da recompensa prometida; o ego dócil e continente não desfruta a confiança de seu mentor, e é em vão que se esforça, segundo parece, por adquiri-la. Far-se-á imediatamente a objeção de que essas dificuldades são artificiais, e dir-se-á que uma consciência mais rigorosa e mais vigilante constitui precisamente a marca distintiva de um homem moral. Além disso, quando os santos se chamam a si próprios de pecadores, não estão errados – considerando-se as tentações à satisfação instintiva a que se encontram expostos em grau especialmente alto –, já que, como todos sabem, as tentações são simplesmente aumentadas pela frustração constante, ao passo que a sua satisfação ocasional as faz diminuir, ao menos por algum tempo. O campo da ética, tão cheio de problemas, nos apresenta outro fato: a má sorte – isto é, a frustração externa – acentua grandemente o poder da consciência no superego. Enquanto tudo corre bem com um homem, a sua consciência é lenitiva e permite que o ego faça todo tipo de coisas; entretanto, quando o infortúnio lhe sobrevém, ele busca sua alma, reconhece sua pecaminosidade, eleva as exigências de sua consciência, impõe-se abstinência e se castiga com penitências. Povos inteiros se comportaram dessa maneira, e ainda se comportam. Isso, contudo, é facilmente explicado pelo estágio infantil original da consciência, o qual, como vemos, não é abandonado após a introjeção no superego, persistindo lado a lado e por trás dele. O destino é encarado como um substituto do agente parental. Se um homem é desafortunado, isso significa que não é mais amado por esse poder supremo, e, ameaçado por essa falta de amor, mais uma vez se curva ao representante paterno em seu superego, representante que em seus dias de boa sorte estava pronto a desprezar. Esse fato se torna especialmente claro quando o destino é encarado segundo o sentido estritamente religioso de nada mais ser do que uma expressão da vontade divina. O povo de Israel acreditava ser o filho favorito de Deus e, quando o grande Pai fez com que infortúnios cada vez maiores desabassem sobre seu povo, jamais a crença em Seu relacionamento com eles se abalou, nem o Seu poder ou justiça foi posto em dúvida. Pelo contrário, foi então que surgiram os profetas, que apontaram a pecaminosidade desse povo, e, de seu sentimento de culpa, criaram-se os mandamentos superestritos de sua religião sacerdotal. É digno de nota o comportamento tão diferente do homem primitivo. Se ele se defronta com um infortúnio, não atribui a culpa a si mesmo, mas a seu fetiche, que evidentemente não cumpriu o seu dever, e dá-lhe uma surra, em vez de punir a si mesmo.

Conhecemos, assim, duas origens do sentimento de culpa: uma que surge do medo de uma autoridade, e outra, posterior, que surge do medo do superego. A primeira insiste numa renúncia às satisfações instintivas; a segunda, ao mesmo tempo em que faz isso, exige punição, uma vez que a continuação dos desejos proibidos não pode ser escondida do superego. Aprendemos também o modo como a severidade do superego – as exigências da consciência – deve ser entendida. Trata-se simplesmente de uma continuação da severidade da autoridade externa, à qual sucedeu e que, em parte, substituiu. Percebemos agora em que relação a renúncia ao instinto se acha com o sentimento de culpa. Originalmente, renúncia ao instinto constituía o resultado do medo de uma autoridade externa: renunciava-se às próprias satisfações para não se perder o amor da autoridade. Caso se efetuasse essa renúncia, ficava-se, por assim dizer, quite com a autoridade e nenhum sentimento de culpa permaneceria. Quanto ao medo do superego, porém, o caso é diferente. Aqui, a renúncia instintiva não basta, pois o desejo persiste e não pode ser escondido do superego. Assim, a despeito da renúncia efetuada, ocorre um sentimento de culpa. Isso representa uma grande desvantagem econômica na construção de um superego ou, como podemos dizer, na formação de uma consciência. Aqui, a renúncia instintiva não possui mais um efeito completamente liberador; a continência virtuosa não é mais recompensada com a certeza do amor. Uma ameaça de infelicidade externa – perda de amor e castigo por parte da autoridade externa – foi permutada por uma permanente infelicidade interna, pela tensão do sentimento de culpa.

QUESTÕES E TEMAS PARA DISCUSSÃO

1. De forma geral, qual a crítica de Freud à moral tradicional?
2. Como se pode entender as implicações éticas do conflito entre *Eros* e *Tânatos* segundo Freud?
3. Que questionamentos Freud levanta acerca da máxima do "amor ao próximo"?
4. Como Freud vê a possibilidade da ética segundo o texto selecionado?

LEITURAS SUGERIDAS

Betty B. Fuks, *Freud e a cultura*, Rio de Janeiro, Zahar, 2003, col. Passo-a-Passo.

Joel Birman, *Freud e a filosofia*, Rio de Janeiro, Zahar, 2003, col. Passo-a-Passo.

Herbert Marcuse, *Eros e civilização: uma crítica filosófica ao pensamento de Freud*, Rio de Janeiro, Zahar, 1968.

Marco Antonio Coutinho Jorge e Nadiá P. Ferreira, *Freud: criador da psicanálise*, Rio de Janeiro, Zahar, 2003, col. Passo-a-Passo.

Peter Gay, *Freud: uma vida para nosso tempo*, São Paulo, Companhia das Letras, 1989.

Renato Mezan, *Freud, pensador da cultura*, São Paulo, Brasiliense, 1985.

FOUCAULT

O francês Michel Foucault (1926-84) foi um dos mais originais pensadores do século XX, com uma obra de grande impacto na filosofia, na história, na psicologia e nas ciências sociais. Influenciado pelo estruturalismo francês e pela fenomenologia, foi também profundamente marcado, como ele mesmo admite, pelos pensamentos de Nietzsche, Freud e Marx.

Sua primeira obra importante foi *A história da loucura* (1961), que revoluciona a interpretação tradicional sobre a constituição do saber psiquiátrico e sobre o conceito de loucura e o papel do louco na sociedade desde o início da modernidade. Em *Arqueologia do saber* (1969) Foucault começa a se afastar do estruturalismo que ainda o inspirara bastante em *O nascimento da clínica* (1963), que retomara suas pesquisas sobre a história da loucura. O método arqueológico que formula tem como ponto de partida a necessidade de uma reinterpretação da história, revelando os pressupostos e elementos subjacentes aos saberes de um determinado período histórico e relativizando-os.

Foucault foi um crítico da modernidade e, sobretudo, do Iluminismo, questionando seus pressupostos racionalistas, sua concepção de subjetividade, e formulando uma crítica extremamente original da questão do nascimento das ciências humanas em *As palavras e as coisas* (1966). Sua análise volta-se para as epistemes, ou formações discursivas, sendo que o método arqueológico dá lugar às genealogias (inspiradas na *Genealogia da moral* de Nietzsche, ver a presente obra, p.107-15), que buscam dar conta das mudanças, rupturas e transições entre as diversas formações discursivas em diferentes períodos.

Mais tarde, a partir principalmente de seu debate com Jurgen Habermas, Foucault revê suas críticas ao Iluminismo, ou Esclarecimento, e retoma o texto "Que é 'Esclarecimento'?", de Kant (ver p.87-93 deste livro), mostrando a importância desta reflexão kantiana como crítica do tempo presente e como pensamento que busca alternativas.

O USO DOS PRAZERES
Moral e prática de si

> Publicação póstuma de 1984, essa obra, segundo volume de *História da sexualidade* faz parte de um projeto mais amplo em que Foucault estava trabalhando no momento de sua morte e que incluía outros três volumes: *Vontade de saber* (vol.1, 1976), de caráter basicamente metodológico, *O cuidado de si* (vol.3, 1984, também póstumo) e *As confissões da carne* (vol.4, que permaneceu inacabado). Seu objetivo nesse estudo de grande amplitude é aplicar o método genealógico à história da sexualidade desde a Grécia Antiga, passando pelo helenismo e pelo surgimento do cristianismo, até o período moderno. Leva adiante assim o projeto de *Vigiar e punir* (1975), uma crítica aos saberes disciplinares que se constituem como formas de controle individual e social. As próprias concepções de subjetividade, indivíduo e terapia se constituem graças a esses saberes, e o período helenístico, em que se destacam o epicurismo e o estoicismo, teve importância crucial neste sentido. A moral estoica em particular influenciou fortemente a moral cristã.

❝ ... [C]onvém se interrogar sobre o objeto proposto quando se empreende o estudo das formas e transformações de uma "moral".

Conhece-se a ambiguidade dessa palavra. Por "moral" entende-se um conjunto de valores e regras de ação propostas aos indivíduos e aos grupos por intermédio de aparelhos prescritivos diversos, como podem ser a família, as instituições educativas, as Igrejas etc. Acontece de essas regras e valores serem bem explicitamente formulados numa doutrina coerente e num ensinamento explícito. Mas acontece também de elas serem transmitidas de maneira difusa e, longe de formarem um conjunto sistemático, constituírem um jogo complexo de elementos que se compensam, se corrigem, se anulam em certos pontos, permitindo, assim, compromissos ou escapatórias. Com essas reservas pode-se chamar "código moral" esse conjunto prescritivo. Porém, por "moral" entende-se igualmente o comportamento real dos indivíduos em relação às regras e aos valores que lhes são propostos: designa-se, assim, a maneira pela qual eles se submetem mais ou menos completamente a um princípio de conduta; pela qual eles obedecem ou resistem a uma interdição ou a uma prescrição; pela qual eles respeitam ou negligenciam um conjunto de valores; o estudo desse aspecto da moral deve determinar de que maneira, e com que margens de variação ou de transgressão, os indivíduos ou os grupos se conduzem em referência a um sistema prescritivo que é explícita ou implicitamente dado em sua cultura, e do qual eles têm uma consciência mais ou menos clara. Chamemos a esse nível de fenômenos a "moralidade dos comportamentos".

Mas não é só isso. Com efeito, uma coisa é uma regra de conduta; outra, a conduta que se pode medir por essa regra. Mas outra coisa ainda é a maneira pela qual é necessário "conduzir-se" – isto é, a maneira pela qual se deve constituir a si mesmo como sujeito moral, agindo em referência aos elementos prescritivos que constituem o código. Dado um código de ação, e para um determinado tipo de ações (que se pode definir por seu grau de conformidade ou de divergência em relação a esse código), existem diferentes maneiras de "se conduzir" moralmente, diferentes maneiras, para o indivíduo que age, de operar não simplesmente como agente, mas sim como sujeito moral dessa ação. Seja um código de prescrições sexuais que determina para os dois cônjuges uma fidelidade conjugal estrita e simétrica, assim como a permanência de uma vontade procriadora; mesmo nesse quadro tão rigoroso, haverá várias maneiras de praticar essa austeridade, várias maneiras de "ser fiel". Essas diferenças podem dizer respeito a vários pontos.

Elas concernem ao que se poderia chamar *determinação da substância ética*, isto é, a maneira pela qual o indivíduo deve constituir tal parte dele mesmo como matéria principal de sua conduta moral. Assim, pode-se ter como essencial da prática de fidelidade o estrito respeito das interdições e das obrigações nos próprios atos que se realizam. Mas pode-se também ter como essencial da fidelidade o domínio dos desejos, o combate obstinado que se tem contra eles, a força com a qual se sabe resistir às tentações: o que constitui, então, o conteúdo da fidelidade é essa vigilância e essa luta; os movimentos contraditórios da alma, muito mais que os próprios atos em sua efetivação, é que serão, nessas condições, a matéria da prática moral. Pode-se, ainda, ter como essencial da prática de fidelidade a intensidade, a continuidade, a reciprocidade dos sentimentos que se experimenta pelo cônjuge e a qualidade da relação que liga, em permanência, os dois esposos.

As diferenças podem, assim, dizer respeito ao *modo de sujeição*, isto é, à maneira pela qual o indivíduo estabelece sua relação com essa regra e se reconhece como ligado à obrigação de pô-la em prática. Pode-se, por exemplo, praticar a fidelidade conjugal e se submeter ao preceito que a impõe por reconhecer-se como parte do grupo social que a aceita, e que a proclama abertamente, e que dela conserva o hábito silencioso; porém, pode-se também praticá-la por considerar-se herdeiro de uma tradição espiritual, a qual se tem a responsabilidade de preservar ou de fazer reviver; como também se pode exercer essa fidelidade respondendo a um apelo, propondo-se como exemplo ou buscando dar à vida pessoal uma forma que corresponda a critérios de esplendor, beleza, nobreza ou perfeição.

Existem também diferenças possíveis nas formas da *elaboração* do *trabalho ético* que se efetua sobre si mesmo, não somente para tornar seu próprio comportamento conforme a uma regra dada, mas também para tentar se transformar a si mesmo em sujeito moral de sua própria conduta. Dessa forma, a austeridade sexual pode ser praticada por meio de um longo trabalho de aprendizagem, de memorização, de assimilação de um conjunto sistemático de preceitos e através de um controle regular da conduta, destinado a medir a exatidão com que se aplicam essas regras; pode-se praticá-la sob a forma de uma renúncia brusca, global e definitiva aos prazeres; como também sob a forma de um combate permanente, cujas peripécias – até os fracassos passageiros – podem ter sentido e valor; ela pode também ser exercida através de uma decifração tão cuidada, permanente e detalhada quanto possível, dos movimentos do desejo, sob todas as formas, mesmo aquelas mais obscuras sob as quais ele se oculta.

Finalmente, outras diferenças dizem respeito ao que se poderia chamar *teleologia* do sujeito moral: pois uma ação não é moral somente em si mesma e na sua singularidade; ela o é também por sua inserção e pelo lugar que ocupa no conjunto de uma conduta; ela é um elemento e um aspecto dessa conduta, e marca uma etapa em sua duração e um progresso eventual em sua continuidade. Uma ação moral tende à sua própria realização; além disso, ela visa, através dessa realização, à constituição de uma conduta moral que leva o indivíduo não simplesmente a ações sempre conformes aos valores e às regras, mas também a um certo modo de ser característico do sujeito moral. E existem muitas diferenças possíveis nesse ponto: a fidelidade conjugal pode dizer respeito a uma conduta moral que leva a um domínio de si cada vez mais completo; ela pode ser uma conduta moral que manifesta um distanciamento repentino e radical a respeito do mundo; ela pode tender a uma tranquilidade perfeita da alma, a uma total insensibilidade às agitações das paixões, ou a uma purificação que assegura a salvação após a morte e a imortalidade bem-aventurada.

Em suma, para ser dita "moral" uma ação não deve se reduzir a um ato ou a uma série de atos conformes a uma regra, lei ou valor. É verdade que toda ação moral comporta uma relação ao real em que se efetua, e uma relação ao código a que se refere; mas ela implica também uma certa relação a si; essa relação não é simplesmente "consciência de si", mas constituição de si enquanto "sujeito moral", na qual o indivíduo circunscreve a parte dele mesmo que constitui o objeto dessa prática moral, define sua posição em relação ao preceito que respeita, estabelece para si um certo modo de ser que valerá como realização moral dele mesmo; e, para tal, age sobre si mesmo, procura conhecer-se, controla-se, põe-se à prova, aperfeiçoa-se, transforma-se. Não existe ação moral particular que não se refira à unidade de uma conduta moral; nem conduta moral que não implique a constituição de si mesmo como sujeito moral; nem tampouco constituição do sujeito moral sem "modos de subjetivação", sem uma "ascética" ou sem "práticas de si" que as apoiem. A ação moral é indissociável dessas formas de atividades sobre si, formas essas que não são menos diferentes de uma moral a outra do que os sistemas de valores, de regras e de interdições.

Essas distinções não devem ter somente efeitos teóricos. Elas têm também suas consequências para a análise histórica. Quem quiser fazer a história de uma "moral" deve levar em conta diferentes realidades que essa palavra engloba. História das "moralidades": aquela que estuda em que medida as ações de tais indivíduos ou tais grupos são conformes ou não às regras e aos valores que são propostos por diferentes instâncias. História dos "códigos", a que analisa os diferentes sistemas de regras e valores que vigoram numa determinada sociedade ou num grupo dado, as instâncias ou aparelhos de coerção que lhes dão vigência, e as formas tomadas por sua multiplicidade, suas divergências ou suas contradições. E, finalmente, história da maneira pela qual os indivíduos são chamados a se constituir como sujeitos de conduta moral: essa história será aquela dos modelos propostos para a instauração e o desenvolvimento das relações para consigo, para a reflexão sobre si, para o conhecimento, o exame, a decifração de si por si mesmo, as transformações que se procura efetuar sobre si. Eis aí o que se poderia chamar uma história da "ética" e da "ascética", entendida como história das formas da subjetivação moral e das práticas de si destinadas a assegurá-la.

Se de fato for verdade que toda "moral", no sentido amplo, comporta os dois aspectos que acabo de indicar, ou seja, o dos códigos de comportamento e os das formas de subjetivação; se for verdade que eles jamais podem estar inteiramente dissociados, mas que acontece de eles se desenvolverem, tanto um quanto o outro, numa relativa autonomia, é necessário também admitir que em certas morais a importância é dada sobretudo ao código, à sua sistematicidade e riqueza, à sua capacidade de ajustar-se a todos os casos possíveis e a cobrir todos os campos de comportamento; em tais morais a importância deve ser procurada do lado das instâncias de autoridade que fazem valer esse código, que o impõem à aprendizagem e à observação, que sancionam as infrações; nessas condições, a subjetivação se efetua, no essencial, de uma forma quase jurídica, em que o sujeito moral se refere a uma lei ou a um conjunto de leis às quais ele deve se submeter sob pena de incorrer em faltas que o expõem a um castigo. Seria totalmente inexato reduzir a moral cristã – dever-se-ia, sem dúvida, dizer "as morais cristãs" – a um tal modelo; talvez não seja falso pensar que a organização do sistema penitencial no início do século XIII, e seu desenvolvimento até as vésperas da Reforma, provocaram uma fortíssima "juridificação" – no sentido estrito, uma fortíssima "codificação" – da experiência moral: foi contra ela que reagiram muitos movimentos espirituais e ascéticos que se desenvolveram antes da Reforma.

Em compensação, pode-se muito bem conceber morais cujo elemento forte e dinâmico deve ser procurado do lado das formas de subjetivação e das práticas de si. Nesse caso, o sistema dos códigos e das regras de comportamento pode ser bem rudimentar. Sua observação exata pode ser relativamente pouco relevante, pelo menos comparada ao que se exige do indivíduo para que, na relação que tem consigo, em suas diferentes ações, pensamentos ou sentimentos, ele se constitua como sujeito moral; a ênfase é dada, então, às formas das relações consigo, aos procedimentos e às técnicas pelas quais são elaboradas, aos exercícios pelos quais o próprio sujeito se dá como objeto a conhecer, e às práticas que permitam transformar seu próprio modo de ser. Essas morais "orientadas para a ética" (e que não coincidem, forçosamente, com as morais daquilo que se chama renúncia ascética) foram muito importantes no cristianismo ao lado das morais "orientadas para o código": entre elas houve justaposições, por vezes rivalidades e conflitos, e por vezes composição.

Ora, parece, pelo menos numa primeira abordagem, que as reflexões morais na Antiguidade grega ou greco-romana foram muito mais orientadas para as práticas de si, e para a questão da *askesis,* do que para as codificações de condutas e para a definição estrita do permitido e do proibido. Se excetuarmos a *República* e as *Leis,* encontraremos muito poucas referências ao princípio de um código que definiria no varejo a conduta conveniente, à necessidade de uma instância encarregada de vigiar sua aplicação, à possibilidade de castigos que sancionariam as infrações cometidas. Mesmo se a necessidade de respeitar a lei e os costumes – os *nomoi* – é frequentemente sublinhada, o importante está menos no conteúdo da lei e nas suas condições de aplicação do que na atitude que faz com que elas sejam respeitadas. A ênfase é colocada na relação consigo que permite não se deixar levar pelos apetites e pelos prazeres, que permite ter, em relação a eles, domínio e superioridade, manter seus sentidos num estado de tranquilidade, permanecer livre de qualquer escravidão interna das paixões, e atingir um modo de ser que pode ser definido pelo pleno gozo de si ou pela soberania de si sobre si mesmo.

Daí a opção de método que fiz ao longo desse estudo sobre as morais sexuais da Antiguidade pagã e cristã: manter em mente a distinção entre os elementos de código de uma moral e os elementos de ascese; não esquecer sua coexistência, suas relações, sua relativa autonomia, nem suas diferenças possíveis de ênfase; levar em conta tudo o que parece indicar, nessas morais, o privilégio das práticas de si, o interesse que elas podiam ter, o esforço que era feito para desenvolvê-las, aperfeiçoá-las, e ensiná-las, o debate que tinha lugar a seu respeito. De tal modo que teríamos de transformar, assim, a questão tão frequentemente colocada a propósito da continuidade (ou da ruptura) entre as morais filosóficas da Antiguidade e a moral cristã; em vez de perguntar quais são os elementos de código que o cristianismo pôde tomar emprestado ao pensamento antigo, e quais são os que acrescentou por sua própria conta, a fim de definir o que é permitido e o que é proibido na ordem de uma sexualidade supostamente constante, conviria perguntar de que maneira, na continuidade, transferência ou modificação dos códigos, as formas da relação para consigo (e as práticas de si que lhes são associadas) foram definidas, modificadas, reelaboradas e diversificadas.

Não se supõe que os códigos não tenham importância nem que permaneçam constantes. Entretanto, pode-se observar que, no final das contas, eles giram em torno de alguns princípios bastante simples e pouco numerosos: talvez os homens não inventem muito mais na ordem das proibições do que na dos prazeres. Sua permanência também é grande: a proliferação sensível das codificações (que dizem respeito aos lugares, parceiros e gestos permitidos ou proibidos) se produzirá bem mais tarde no cristianismo. Em compensação, parece – em todo caso é a hipótese que gostaria de explorar aqui – haver todo um campo de historicidade complexa e rica na maneira pela qual o indivíduo é chamado a se reconhecer como sujeito moral da conduta sexual. Tratar-se-ia de ver de que maneira, a partir do pensamento grego clássico até a constituição da doutrina e da pastoral cristã da carne, essa subjetivação se definiu e se transformou.

... [G]ostaria de marcar alguns traços gerais que caracterizam a maneira pela qual o comportamento sexual foi refletido, pelo pensamento grego clássico, como campo de apreciação e de escolhas morais. Partirei da noção, então corrente, de "uso dos prazeres" – *chrèsis aphrodisiōn* – para distinguir os modos de subjetivação aos quais ela se refere: substância ética, tipos de sujeição, formas de elaboração de si e de teleologia moral. Em seguida, partindo cada vez de uma prática que, na cultura grega, tinha sua existência, seu status e suas regras (a prática do regime de saúde, a da gestão da casa e a da corte amorosa), estudarei a maneira pela qual o pensamento médico e filosófico elaborou esse "uso dos prazeres" e formulou alguns temas de austeridade que se tornariam recorrentes sobre quatro grandes eixos da experiência: a relação como corpo, a relação com a esposa, a relação com os rapazes e a relação com a verdade. **"**

QUESTÕES E TEMAS PARA DISCUSSÃO

1. O que Foucault entende por "moral"?
2. Qual a relação entre a moral e o que Foucault denomina "modo de sujeição"?
3. Qual a importância, segundo o filósofo, da discussão sobre a moral na Antiguidade?
4. Qual o sentido e a importância, para ele, de uma história da moral?

LEITURAS SUGERIDAS

Gilles Deleuze, *Foucault*, São Paulo, Brasiliense, 1988.

Hubert Dreyfus e Paul Rabinow, *Michel Foucault: uma trajetória filosófica para além do estruturalismo e da hermenêutica*, Rio de Janeiro, Forense, 1995.

Didier Eribon, *Michel Foucault: 1926-1984*, São Paulo, Companhia das Letras, 1990.

Roberto Machado, *Foucault, a ciência e o saber*, Rio de Janeiro, Zahar, 2006.

J. Rajchman, *Foucault: a liberdade da filosofia*, Rio de Janeiro, Zahar, 1987.

Referências dos textos
e traduções

Platão

O melhor é o mais forte: *Górgias*, 488a-491e, tradução de Danilo Marcondes.

É melhor sofrer uma injustiça do que praticá-la: *Górgias*, 469b-c, 478d-e, 479c-e, 508e-509d, tradução de Danilo Marcondes.

O que é a virtude: *in Mênon*, 70a-74e, Rio de Janeiro, Editora PUC-Rio / Edições Loyola, 2001, p.19-29, tradução de Maura Iglésias. (*Reprodução autorizada*.)

O Anel de Giges: *A República*, II, 359b-360a, tradução de Danilo Marcondes.

A natureza humana: *A República*, IX, 579e; 580d-583a, tradução de Danilo Marcondes.

Aristóteles

O conceito de felicidade: *Ética a Nicômaco*, I, 7, tradução de Mário da Gama Kury. (*Reprodução autorizada*.)

A doutrina do meio-termo: *Ética a Nicômaco*, II, 2, 9, tradução de Mário da Gama Kury. (*Reprodução autorizada*.)

As virtudes intelectuais e a sabedoria prática: *Ética a Nicômaco*, VI, 5, 13, tradução de Mário da Gama Kury. (*Reprodução autorizada*.)

A felicidade: *Ética a Nicômaco*, X, 8, tradução de Mário da Gama Kury. (*Reprodução autorizada*.)

Santo Agostinho

A origem do livre-arbítrio: *O livre-arbítrio*, II, 1, tradução de Danilo Marcondes.

O livre-arbítrio e o problema do Mal: *O livre-arbítrio*, II, 20, tradução de Danilo Marcondes.

Deus é o autor do Mal?: *Confissões*, VII, 5, tradução de Danilo Marcondes.

Onde está o Mal?: *Confissões*, VII, 16, tradução de Danilo Marcondes.

Referências dos textos e traduções

São Tomás de Aquino
O mal se encontra nas coisas?: *Suma teológica*, questão 48, art. 2, tradução de Danilo Marcondes.
O homem possui o livre-arbítrio?: *Suma teológica*, questão 83, art. 1, tradução de Danilo Marcondes.
Se a virtude humana é um hábito: *Suma teológica*, questão 55, art. 1, tradução de Danilo Marcondes.

Descartes
A distinção entre o certo e o errado: *Meditações metafísicas*, IV, 9-10, tradução de André Telles.
A vontade e as paixões da alma: *As paixões da alma*, II, arts. 48-49, tradução de André Telles.

Spinoza
Definições: *Ética*, IV, tradução de André Telles.
A virtude: *Ética*, V, tradução de André Telles.

Hume
As distinções morais não são derivadas da razão: *Tratado sobre a natureza humana*, III, 1, 1, tradução de Maria Luiza X. de A. Borges.

Kant
Resposta à pergunta: "Que é Esclarecimento"?, tradução de Pedro Caldas.

Kierkegaard
Sem título: *Temor e tremor*, problema I, tradução de Karl Erik Schollhammer.

Nietzsche
Dos preconceitos dos filósofos: in *Para além do bem e do mal*, §§1-5, São Paulo, Companhia das Letras, 2ª ed., 2000, p.9-13, tradução de Paulo César de Souza. (*Reprodução autorizada.*)
Contribuição à história natural da moral: in *Para além do bem e do mal*, §§186-7, São Paulo, Companhia das Letras, 2ª ed., 5ª reimp., 2000, p.85-7, tradução de Paulo César de Souza. (*Reprodução autorizada.*)
Primeira dissertação: in *Genealogia da moral*, §§2-4, 9-10, São Paulo, Companhia das Letras, 7ª reimp., 2004, p.18-21, 28-31, tradução de Paulo César de Souza. (*Reprodução autorizada.*)
Segunda dissertação: in *Genealogia da moral*, §§2-3, São Paulo, Companhia das Letras, 7ª reimp., 2004, p.48-51, tradução de Paulo César de Souza. (*Reprodução autorizada.*)

Stuart Mill
O que é o utilitarismo?: *Utilitarismo*, Cap.2, tradução de Danilo Marcondes.

Weber
A política como vocação: in *Ensaios de sociologia*, Rio de Janeiro, Zahar, 2ª ed., 1971, p.142-5, tradução de Waltensir Dutra.

Freud
A consciência moral: in *O mal-estar na civilização*, cap.VII, Rio de Janeiro, Imago, 1997, p.83-9, Edição Standard Brasileira das Obras Completas de Sigmund Freud, tradução de José Octávio de Aguiar Abreu. (*Reprodução autorizada.*)

Foucault
Moral e prática de si: in *História da sexualidade 2: O uso dos prazeres*, Rio de Janeiro, Graal, 9ª ed., 2001, p.26-31, tradução de Maria Thereza da Costa Albuquerque. (*Reprodução autorizada.*)

Bibliografia geral

Cooper, David E. (org.), *Ethics: The Classic Readings*, Londres, Blackwell, 1998.

Foot, Philippa (org.), *Theories of Ethics*, Oxford, Oxford University Press, 1967.

Freire Costa, Jurandyr, *A ética e o espelho da cultura*, Rio de Janeiro, Rocco, 1994.

Hare, Richard M., *A linguagem da moral*, São Paulo, Martins Fontes, 1996.

Lima Vaz, Henrique Cláudio de, *Escritos de filosofia II: Ética e cultura*, São Paulo, Loyola, 1993.

MacIntyre, Alasdair, *A Short History of Ethics*, Londres, Routledge & Kegan Paul, 1967.

_____, *Depois da virtude*, Bauru, Edusc, 2001.

Mackie, John L., *Ethics: Inventing Right and Wrong*, Londres, Penguin, 1977.

Novaes, Adauto (org.), *Ética*, São Paulo, Companhia das Letras, 1992.

Oliveira, Manfredo A. de (org.), *Correntes fundamentais da ética contemporânea*, Petrópolis, Vozes, 2000.

_____, *Ética e sociabilidade*, São Paulo, Loyola, 1993.

Rawls, John, *História da filosofia moral*, São Paulo, Martins Fontes, 2005.

Sen, Amartya, *Sobre ética e economia*, São Paulo, Companhia das Letras, 1999.

Sterba, James P. (org.), *Ethics: The Big Questions*, Londres, Blackwell, 1998.

Tugendhat, Ernst, *Lições sobre ética*, Petrópolis, Vozes, 2000.

Vasques, Adolfo Sanchez, *Ética*, São Paulo, Civilização Brasileira, 13ª ed., 1992.

Williams, Bernard, *Ethics and the Limits of Philosophy*, Cambridge, Harvard University Press, 1983.

_____, *Moral Luck*, Cambridge, Cambridge University Press, 1981.

Zajdsnajder, Luciano, *Ética, estratégia e comunicação*, Rio de Janeiro, FGV, 1999.

_____, *Ser ético*, Rio de Janeiro, Gryphus, 1994.

1ª EDIÇÃO [2007] 11 reimpressões

ESTA OBRA FOI COMPOSTA POR PRINTMARK MARKETING EDITORIAL
EM MINISTER E FRUTIGER E IMPRESSA EM OFSETE PELA
GRÁFICA PAYM SOBRE PAPEL ALTA ALVURA DA SUZANO S.A.
PARA A EDITORA SCHWARCZ EM MARÇO DE 2023

A marca FSC® é a garantia de que a madeira utilizada na fabricação do papel deste livro provém de florestas que foram gerenciadas de maneira ambientalmente correta, socialmente justa e economicamente viável, além de outras fontes de origem controlada.